코스톨라니 투자총서

3

실전 투자강의

KOSTOLANY

코스톨라니 투자총서

3

실전 투자강의

최병연 옮김

미래의창

서문

코스톨라니가 말하는 투자와 삶의 지혜

고트프리트 헬러

이 책과 함께 코스톨라니는 그의 개인 컴퓨터(머리)에 저장해 놓은 자신의 파란 만장한 경험과 지식을 책으로 내놓겠다는 오랜 소망을 이루었다. 이 책은 또한 지난 12년간 우리의 증권 세미나에서 토론된 많은 문제를 다루고 있다.

1969년 나는 바이에른 은행에서 열린 투자 설명회에서 코스톨라니를 처음 만났다. 설명회를 개최한 경제부 관료는 새로운 외국 투자법의 장점을 설명하면서 펀드가 저축 수단으로도 좋음을 강조했다. 그는 자동차를 살 수 없는 사람은 버스를 타고 다녀야 하는데, 바로 이 버스 같은 역할을 펀드가 한다며 주식을 살 수 없는 소액 투자자를 위해서 좋다고 설명했다. 그때 청중 가운데 한 사람이 일어나 이런 질문을 했다. "하지만, 외국의 버스 운전사가 운전 면허증을 갖고 있는지 어떻게 압니까?" 그 신사는 낯익은 얼굴이었다. 내가 뉴욕에 있을 때 〈캐피털〉지에 코스톨라니가 쓴 칼럼을 읽은 적이 있기 때문이었다. 나는 행사가 끝나고 그를 찾아갔고, 그와 개인적으로 친분을 쌓게 되었다.

그는 언젠가 독일인은 투자 경험이 30년이나 뒤져 있다고 썼다. 그렇지 않다면 그가 강력히 경고했던 IOS 소란에 빠졌을 리가 없다는 것이다. 나 역시 그와 같은 입장이었다. 뿐만 아니라 그의 여유 있는 자세 또한 나를 사로잡았다. 나는 그에게 1929년 대폭락을 포함해 당시 40년이 넘는 그의 증권 경험을 실제로 사용해 보지 않겠느냐고 제안했다. 그는 좋은 파트너만 만난다면 기꺼이 그럴 용의가 있다고 대답했다. 그것이 우리의 동업—오늘날의 말로는 조인트 벤처—의 시작이었다. 코스톨라니가 이 두 번째 직업을 시작했을 때, 그는 이미 은퇴할 나이였다. 우리는 당시 독일에 거의 알려지지 않은 개인 재산 관리 부문에서 프라이빗 뱅킹과 같은 일을 했다.

그 후 머지않아 증권 세미나를 열자는 아이디어가 나왔다. 우리의 첫 세미나는 1974년 10월 뮌헨에서 열렸다. 참석자는 30명도 안 되었다. 당시 증권 시장은 말이 아니었다. 석유 값 4배 인상, 인플레이션, 금과 유가물로 돈이 빠져 나가고 다우존스는 580, FAZ 인덱스(독일의 주가지수)는 160으로 떨어졌다. 1929년의 대폭락이 다시 오는 것이 아니냐는 말도 떠돌고 있었다. 하지만 우리 증권 세미나의 강사가 하는 말은 사뭇 달랐다.

"이제 서서히 주식을 살 때입니다."

이 말은 적중했다. 두 달도 안 되어 상승장이 시작되었고 다우존스는 1000포인트까지 올라갔다. 당시 우리는 뮌헨의 세미나가 그렇게 유명해질지 몰랐다. 그 후 세미나는 100회 이상 늘어났고 참여자는 10배가 넘게 되었다.

깨끗한 자본주의를 위해 투쟁한 전사였던 코스톨라니, 그를 따르는 무리는 갈수록 늘어났다. 그는 실천에서 이론으로 간, 그리고 자신의 돈으로 투자하면서 경험을 쌓은 증권 교수였다. 이론에서 실천으로 간, 그리고 다른 사람의 돈으로 투자하면서 경험을 쌓은 증권 교수들과는 완전히 달랐다.

이 책 덕분에 코스톨라니는 요점 없는 질문에 힘들여 대답할 필요가 없게 되었다. 이제 정중하게 질문을 끊으며 이렇게 얘기하기만 하면 된다.

“그러십니까? 제 책을 보십시오. 분명 여러분의 질문에 대한 답을 찾으실 것입니다. 또 이제까지 여러분이 생각하지 못했던 문제에 대해서도 답을 찾으실 수 있을 것입니다.”

투자의 요리법을 알려 드립니다

앙드레 코스톨라니

나한테 추천 종목을 물으면 나는 다음과 같은 중국 속담을 얘기해 준다.

"친구가 있다면 그에게 생선 한 마리를 줘라. 하지만 그 친구를 진정으로 사랑한다면 그에게 생선 잡는 법을 가르쳐 줘라."

여기서 추천 종목은 '생선'에 해당된다. 생선은 스스로 잡아야 한다. 덥석 추천 종목을 가르쳐 주는 경우라면, 이는 어떤 세력이나 금융기관이 대중에게 그 주식을 팔기 위해 선전을 하는 것이다. 추천 종목을 믿고 대중은 주식을 산다. 그러면 시세는 높이 올라가고, 올라간 주가는 새로운 구매자를 유혹해 끌어들인다. 이렇게 하여 세력의 계획은 맞아떨어진다. 추천 종목의 목표는 대부분 바로 이것이다.

성공하려면 추천 종목을 따라가지 말고, 스스로 아이디어와 의견을 가져야 한다. 다시 말해 스스로 생각해야 하고, 훌륭하고 경험 많은 어부가 생선을 잡듯이 스스로 추천 종목을 만들어 내야 한다.

주식을 살지, 팔지, 아무 행동도 하지 않을지 결정할 수 있으려면 증권 시장의 등락 운동 메커니즘을 이해해야 한다.

내가 하는 말은 경제학을 철저히 연구한 후 나온 것이 아니라, 내 개인적인 경험에 근거한 것이다. 내가 경제와 금융에 대해 알고 있는 것은 대학이나 전문서적을 통해 배운 것이 아니라 정글 속에서 배운 것이다. 틀림없이 하버드 국제 비즈니스 학교에 다닌 것보다 수업료도 더 많이 냈을 것이다.

나는 65년 동안 78개의 증권 거래소와 73개의 각종 중개 회사를 드나들었다. 이제까지 내가 몇 번이나 주식을 사고 팔았는지 셀 수도 없다. 24시간짜리 투자도 있었고 장기적으로, 심지어 5년을 내다보고 투자한 것도 있었다. 1924년부터 나는 매일, 주식 보유든, 사고 팔든, 주식과 관련된 삶을 살았고, 매일 밤 잠들기 전에 어떻게 해야 할지 곰곰이 생각했다.

나는 현금 거래도 했고 신용 거래도 했다. 채권, 주식, 블루칩 거래뿐만 아니라 금도 없는 금광, 석유 없는 유전에도 투자했으며 망해가는 회사의 주식을 산 적도 있었다. 월 스트리트에서 옵션이 뭔지도 모를 때, 나는 온갖 종류의 옵션을 거래했다.

사람들은 나를 증권의 대가, 혹은 실패하지 않는 전문가라고 칭한다. 하지만 나도 몇 번 파산을 했다. 그것도 너무 심한 파산이어서 빚에 파묻혀 자살까지 생각할 정도였다. 그 시기를 이겨내는 데는 많은 용기와 에너지, 인내가 필요했다. 물론 운도 따라 줬다.

나는 크고 작은 전쟁, 혁명, 내전, 인플레이션, 디플레이션, 상승과 하락, 호황, 폭락을 경험했고 다행스럽게도 이 모든 것을 치르고도 살아남았다. 그렇다, 투자자가 되기는 정말 어렵다.

주가는 기대하는 것처럼 진행되지 않는다. 무에서 많은 것을 얻는 것이 쉽지 않음을 인간에게 증명하기 위해 항상 악마가 끼어든다. 증권 시장은 변덕스럽고 예측 불가능하다. 수많은 사건이 생겼다가 사라진다. 어떤 사건이 일어날지 예측하는 것만으로는 안 된다. 대중이 어떻게 반응할지를 알아야 한다. 이는 결코 쉬운 것이 아니다.

나는 이 책에서 증권 시장을 해부하고, 나의 명제와 방법을 아주 간단하고 복잡하지 않게 설명하려고 한다. 간단명료한 질문에 간단명료한 대답을 하는 것이 가장 합리적이고 유익하기 때문이다.

나는 내 경험 속에서 대답을 찾아냈다. 필요한 것은 그 대답에 대한 질문뿐이었다. 마침, 1만5천 명이 참여한 백 회가 넘는 세미나, 뱅크 오브 아메리카, 도이치 뱅크 등 은행 및 IBM, 듀퐁, 닉스도르프, 악셀 슈프링어 등 유수 기업부터 개의 사료를 만드는 기업까지 수많은 기업, 대학의 강의에서 수 천 가지의 질문이 쏟아졌다. 나는 이 책에서 이 질문들을 사용했다. 이 책을 읽는 여러분도 틀림없이 그런 질문을 할 것이기 때문이다.

나는 분석을 하면서 항상 일화나 이야기를 들려주는 것을 즐기는데 나의 다른 책들에서는 이런 이야기가 큰 역할을 하기도 한다. 하지만 이 책에서는 이야기로 빠지지 않고, 이런 경우는 어떻게 하고 저런 경우는 어떻게 해야 하는지 구체적인 도움이 되도록 명확하게 서술하려고 노력했다.

증권 시장에서 일어날 수 있는 사건은 수없이 많다. 그 모든 경우를 다 분석한다는 것은 불가능하다. 나는 완성된 요리가 아니라 요리법을 소개함으로써, 여러분이 여러분 마음에 드는 요리를 직접 해 먹을 수 있도록 하려고 한다.

이 책을 읽고 그렇게 되리라고 확신한다. 그럼 맛있게 드시기를!

목차

KOSTOLANY

목차

경제 vs 주가

목차

KOSTOLANY

투자자 vs 게임꾼

목차

KOSTOLANY

목차

정보 vs 판단

목차

KOSTOLANY

선물 · 옵션 & 채권

부록

이것이 증권 시장이다

증권시장이란 무엇이며 어떤 역할을 하는가?

증권거래소는 자본시장으로서, 돈을 유가증권에 넣거나 유가증권을 팔아 다시 현금을 만들려는 사람들이 모이는 곳이다.

유가증권이란 무엇인가?

유가증권이란 부동산의 반대 개념으로 '움직이는 가치'이다. 유가증권은 증권 시장에서 거래하며, 특정한 시점의 수요와 공급이 만나는 가격에 사고 판다. 수요와 공급은 공개적으로 알려지기 때문에 관심 있는 사람은 모두 이를 볼 수 있다. 뉴욕 증권 거래소에서는 종이 테이프에 모든 매수와 매도가 가격, 수량과 함께 표시된다. 종이 테이프는 미국 전역에서 볼 수 있으며, 유럽에도 큰 도시에 가면 볼 수 있다. 미국 영화를 보면, 역사적으로 아주 중요한 인물이 브로드웨이를 지나 뉴욕 시내를 행진할 때, 길 양 옆에 있는 딜러들의 사무실에서 이 종이 테이프를 환영의 뜻으로 뿌리는 장면이 있다. 그 인물이 얼마나 인기 있는지는 얼마나 많은 종이 테이프를 뿌렸는가와 비례했다고 한다.

파리, 취리히, 뒤셀도르프, 프랑크푸르트, 특히 시카고 증권 거래소에 가 보면, 사람들이 어찌나 소리를 질러대는지 처음 가 보는 사람은 정신병원에 온 듯한 착각이 들 것이다. 이에 비해 런던은 좀 조용하다. 런던에서는 모든 유가증권 거래가 '조버(Jobber)'라는 전문가들의 통제하에 이루어지는데, 이들은 자신이 담당하는 유가증권의 시세를 계속 알려주며 매수와 매도를 진행한다. 한편 스톡홀름에서는 1차 대전 전인 1930년대부터 벌써 컴퓨터를 사용해 오늘날처럼 컴퓨터가 매수와 매도 주문을 처리했다.

동산, 즉 유가증권에는 어떤 것들이 있는가?

모든 채권과 정부, 외국 정부, 지방 자치단체의 채권, 주요한 회사의 주식 등이 유가증권에 속한다. 주식이란 주식회사라고 부르는 회사의 지분 증서를 뜻한다. 또한 전환사채, 옵션, 주식과 채권의 혼합인 여타 유가증권도 포함한다. 이 모든 유가증권을 거래하는 시장을 일컬어 증권 거래소라고 한다.

주식은 어떤 역할을 하는가?

한 기업의 모든 주식을 합하면 주식회사가 된다. 자금을 가진 사람은 주식을 삼으로써 기업이 자신의 돈을 쓰게 해 준다. 이 돈이 없었다면, 자유 시장경제의 대규모 경제적 모험들, 즉 철도, 조선, 수에즈 운하, 광산과 석유 채굴 등 19세기와 20세기의 경제 발전뿐만 아니라 자동차, 비행기, 전자, 컴퓨터 같은 현대 산업도 존재하지 못했을 것이다.

증권 시장은 어떤 역할을 하는가?

저축을 해서 잉여 자금이 있을 때 증권 거래소에서 유가증권을 구입하고, 자금이 다시 필요할 때 유가증권을 팔아 현금화할 수 있다. 회사를 설립할 때 발행하는 주식을 살 수도 있다. 주식이 이미 대중의 손에 들어간 후에 사고 싶다면, 길은 하나, 증권 시장을 통하는 길밖에 없다. 또한 주식을 소유하고 있는 사람이 팔고 싶어도 증권 시장을 통해야 한다. 유가증권은, 중고 자동차를 사고 팔 때처럼 "나는 지멘스 주식 100개를 사고 싶다" 혹은 "다이믈러 벤츠 주식 100개를 사고 싶다"고 벼룩시장 신문에 내거나 광고를 내서 사고 파는 것이 아니다. 유가증권을 사거나 팔고 싶은 사람은 반드시 증권 시장을 이용해야 한다.

유가증권의 거래량은 어느 정도 되나?

어떤 증권 거래소인지, 그리고 시간에 따라 거래량은 다르다. 물론 뉴욕이나 동경의 증권 거래소는 밀라노나 마드리드보다 거래량이 크다. 거래량은 얼마나 많은 사람이 증권 거래소에 능동적으로 참여하고 있는지에 따라 결정된다. 증권 거래소에는 주식을 사서 장기적으로 가지고 있으려는 사람 외에도, 며칠 혹은 심지어 24시간밖에 안되는 짧은 기간 보유하는 투자자와 놀이꾼도 있다. 이 놀이꾼들을 나는 주식 시장의 '기생충'이라고 부르고 싶다. 하지만 주식 시장이 잘 돌아가는 데, 이 '기생충'들은 아주 중요한 역할을 한다. 이들이 없다면 만들어내기라도 해야 할 것이다. 이들은 끊임없이 사고 팔기를 계속함으로써 결과적으로 거래량을 늘린다. 이는 아주 중요하다. 왜냐하면 거래량이 크면 클수록, 투자자가 필요할 때 주식을 팔아 현금화할 수 있는 보장이 크기 때문이다.

거래량이 많은 증권 거래소에서는 많은 양의 주식을 한번에 사거나 팔아도 시세에 큰 영향을 미치지 않는다. 거래량이 작은 증권 거래소에는 가능하지 않은 이야기다. 작은 증권 거래소에서는 많은 양의 증권을 한번에 사거나 팔면 시세가 크게 움직인다. 거래량이 많은 증권거래소에서는 시세가 올라가면 25% 올라가는 시점에 새로운 상품이 시장에 나오며, 시세가 떨어지면 25% 떨어지는 시점에 그 주식에 대한 새로운 수요가 창출된다. 이것은 마치 실린더가 4개밖에 없는 모터보다는 실린더가 16개 있는 모터가 더 부드럽고 마찰 없이 작동하는 것과 마찬가지다. 이때는 '쇼크'가 있더라도 곧 흡수되어 버린다.

사회주의 국가에서는 어떤가?
사회주의 국가에도 그런 산업은 있지 않은가?

완전한 사회주의 국가에는 물론 주식회사나 증권거래소 같은 것이 있을 수 없다. 왜냐하면 국가가 기업의 유일한 자금 공급원이기 때문이다. 국가는 유일한 자본가로서, 기업의 경영을 공무원에게 맡긴다. 이들이 곧 관료이다. 이를 우리는 독점 자본주의라고 부른다. 이 시스템을 찬양할 것인가, 거부할 것인가는 순전히 개인의 기호에 따라 다를 수 있다.

자유 시장경제, 간단히 말해 자본주의에서는 주식회사가 시스템의 기초이며, 투자 즉, 증권거래는 시스템을 작동시키는 모터이다. 모터의 연료는 사람들이 저축한 돈이다. 금리뿐만 아니라 바로 기업의 성장과 이윤에 대한 기대가 저축한 사람의 지갑을 열어 경제 확장에 필요한 돈을 끌어낸다. 자유 경쟁 속에서 리스크를 감수하는 자세, 이윤을 추구하는 노력이 바로 세계를 변화시키는 원동력이다. 요컨대, 자본주의의 신조는 리스크를 감수하는 모험가 정신, 자유 경쟁, 이윤에 대한 소망이라고 할 수 있다.

어떻게 이 이론을 증명할 수 있는가?

이론적으로나 과학적으로는 증명할 수 없다. 하지만 지난 60년간의 경험은 이를 분명하게 말해 준다. 사회주의에 가까웠거나 오늘날도 사회주의를 표방하는 나라들을 살펴보면, 증권 거래소가 한 나라의 발전에 얼마나 중요한 역할을 하는지 분명하게 알 수 있다.

프랑스는 1981년부터 1986년까지 모스크바를 지지하는 장관이 정부에 참여하는 등, 사회주의 정부가 집권했다. 오스트리아는 경제의 70%가 국가의 소유다. 프랑스는 사회주의 정부 아래서 경제의 30%가 국가 소유였다. 바로 그 이유 때문에 파리와 빈의 증권 거래소는 계속해서 정부의 지원을 받았다. 저축을 한 사람이 주식을 살 때는 세금 혜택을 받았다. 정부는 증권 거래소에 반하는 정책을 하나도 펴지 않았고, 투자를 제한하는 규정 같은 것도 없었다. 반대로, 이들 나라에서는 국유화된 은행이 증권 거래소를 지원하고 나섰다. 좋지 않은 일이 생기거나 악재성 뉴스 때문에 시세가 많이 떨어질 것 같으면, 은행이 많은 양의 매수 주문을 냈다. 나 자신, 어떤 이유로 시세가 폭락할 것 같을 때, "오늘은 어떨 것 같습니까?"라는 물음에 주식 전문가들이 "헌병들이 있으니까 걱정 없습니다."라고 대답하는 것을 들은 적이 있다. 이는, 은행과 은행의 손발이 되어 움직이는 이들이 대량의 매수로 시세를 지지할 준비가 되어 있었음을 뜻한다.

이런 일을 미국에서도 상상할 수 있을까?

미국에서는 정부가 주식 시장에 간섭하지는 않는다. 하지만 특정 집단이 관심이 있는 주식을 지원하거나 이해 관계에 따라 조작하는 경우가 있다. 이런 조작이 어떻게 진행되는지는 나중에 설명하겠다. 미국 대통령은 매일 증권 거래소가 어떤지 보고를 받고 주식 시장을 예의 주시한다.

독일에서는 어떤가?

프랑스와 약간 비슷한 상황이다. 다른 점은 독일에서는 국가나 국유화된 은행이 아니라, 현재의 좋은 시장 분위기를 유지하는 데 이해 관계를 가진 거대 민영은행과 금융기관이 개입을 한다는 점이다.

독일 혹은 프랑스 등에서는 그런 식의 시세 조작이 가능하다. 하지만 미국은 시장이 너무 크기 때문에 불가능하다. 증권거래소가 작으면 작을수록, 시세를 어느 방향으로 이끌어 가기가 쉽다. 이는 경마를 할 때와 마찬가지다. 한 번의 경주에 걸린 돈이 크면 클수록, 조작의 위험이나 다른 사람에게 일부러 져 달라며 기수에게 뇌물을 주는 일이 적어진다. 상금이 크면 유혹을 떨칠 수가 없기 때문이다. 상금이 별로 큰 액수가 아니면, 종종 조작이 행해진다.

독일에서는 은행들이 지난 수년간 증권거래를 촉진하고 좋은 분위기를 만들어 주려고 했다. 이유는 첫째, 은행 자신이 대량의 주식을 가지고 있었고, 이를 팔고 싶어 했기 때문이다. 둘째, 자본금 확장을 쉽게 하기 위해서였다. 대중은 시세가 올라가야만 새로 주식을 사들이기 때문에, 시장 분위기가 중요하다. 셋째, 새로 설립된 회사의 주식을 팔기 위해서였다. 이 모든 것을 위해서는 주식 시장의 분위기가 아주 좋아야 한다. 한편 기업의 자본금을 늘리는 것은 경제 발전을 위해서도 좋은 일이다.

금융기관은 항상 좋은 분위기를 유지하고 싶어 하는가?

항상 그렇지는 않다. 증권거래소의 분위기가 금융기관에 그다지 중요하지 않은 때도 있다. 1970년대 금리가 계속 오르자, 은행은 사람들에게 주식을 사는 대신 은행에 돈을 맡기도록 유도했다. 예금에 대한 금리와 대출금리 사이의 차이가 아주 컸던 것이다. 당시 주식 시세는 거의 바닥권이었는데도, 창구 직원들은 손님에게 주식을 사라고 권하지 않고 예금을 하라고 권했다.

언제 금융기관의 정책이 바뀌었나?

1984년부터 1986년에 걸쳐 주식 시장이 급속도로 성장하자 상황은 달라졌다. 이제 금융기관은 대중이 주식을 사도록 분위기를 만들어갔다. 금융기관은 자신들이 맡고 있는 기업이 자본금을 늘리기를 바랐고, 또 많은 개인기업을 주식회사로 전환시키고자 했다. 금융기관들은 새로운 주식, 혹은 자신들이 가지고 있던 대량의 주식을 대중이 사도록 한다는 목적 아래 행동했다. 옛날부터 전해오듯이, 대중은 시세가 올라야 주식을 산다. 그리고 시세가 떨어지면 판다. 갑자기 주식을 사려는 열정이 일어나지 않았다면, 그 많은 자본금 확대와 주식회사의 설립은 불가능했을 것이다. 주식이 이미 얼마나 올랐는지 보여주고 앞으로 더 오를 거라는 확신을 줄 수 있다면, 대중에게 주식을 파는 일은 그야말로 식은 죽 먹기다. 1970년대와 80년대 초에는 주식에 대해 들으려고도 하지 않던 예금자들이 갑자기 입장을 바꿔 주식시장에 뛰어들었다. 5년 전에는 주식이 무엇인지도 몰랐던 수백만 명의 개미 투자자들이 순식간에 주식 시장에 뛰어들었다.

독일만 그런 것이 아니다. 서유럽 전체에서 이제껏 경험하지 못했던 낙관주의가 주식 시장에 팽배했다. 밀라노, 마드리드, 빈, 심지어 헬싱키에서도 같은 현상이 나타났다.

이와 같은 분위기 상승은 종종 나타난다. 사람들은 마치 알코올 중

독자처럼 행동한다. 전날 저녁에 술을 너무 마셔서 아침에 속이 쓰리면 다시는 술을 입에 대지 않겠다고 맹세한다. 하지만 저녁 7시가 되면 칵테일 한 잔은 되겠지 하며 마시고, 저녁 8시에는 포도주 한 잔, 밤 10시에는 위스키 한 잔을 마신다. 그리고 밤 12시가 되면 어제 밤과 똑같이 취해서 돌아간다. 마치 밀물과 썰물 같이 순환하면서 말이다. 다만 바다의 움직임은 몇 초 단위로 계산할 수 있지만, 주식 시장이 언제 변할지는 아무리 영리한 사람도 예측할 수가 없다.

중기란 어느 정도 시간을 말하는가?

1년에서 3년, 혹은 5년까지를 말한다.

장기란 어느 정도 시간을 말하는가?

장기 투자자는 유가증권을 수년간 보유하면서 장기적인 시세 변동을 추적한다. 이들의 동기는 기업의 지속적인 성장에 대한 기대이다. IMB 주식에 장기 투자한 사람들은 투자한 돈의 100배를 벌었다.

단기적인 시세에 결정적인 영향을 미치는 것은 무엇인가?

단기적으로 보면 경제 상황이나 기업의 성과 같은 것은 시세에 전혀 영향을 미치지 않는다. 오히려 그날의 핫뉴스, 속보 등이 중요하다. 많은 사람들이 그날 그날의 사건을 기초로 이후의 상황을 전개하는데 그 결과는 대부분 틀리거나 잘못된 길로 투자자들을 인도한다. 왜냐하면 예측 불가능하기 때문이다. 시세에 영향을 미치는 것은 실제의 사건 그 자체가 아니라 그 사건에 대중이 심리적으로 어떻게 반응하는가이다.

전형적인 예를 하나 들어 보겠다. 1939년 뮌헨 조약과 체코슬로바키아의 분할 후, 유럽 주식 시장의 분위기는 아주 좋았다. 히틀러가 전세계에 천년 평화를 약속했기 때문이다. 히틀러는 뮌헨 조약에 만족한다고 밝혔다. 영국 하원에서는 한 의원이 체코슬로바키아 문제를 놓고 배신을 했다며 비난을 하자, 체임벌린 총리가 이제 평화가 보장되었으니 '히틀러 씨'의 약속을 의심할 이유는 없다고 연설했다. 그러니 파리 증권 거래소를 포함해 주식 시장의 분위기가 좋은 것도 당연했다. 그런데, 1939년 3월 15일 놀라운 일이 터졌다. 히틀러의 군대가 체코슬로바키아의 프라하를 점령한 것이다. 전세계는 경악했다. 체임벌린 총리는 다시 하원으로 와서 이번에는 비장한 어조로 히틀러가 약속을 지키지 않아 깊이 실망했다고 말했다. 또 히틀러가 단치히나 폴란드를 공격한다면 영국은 모든 힘을 다해, 군대를 동원해서라도 공격받은 측을 지원하겠다고 단호하게 선언했다. 이것은 일종의 선전 포고였다. 물론 이에 대한 반응으로 유럽의 모든 주식 시장은 약세로 바뀌었다. 천년 평화에 대한 기대가 깨어진 것이다. 약세는 몇 달간 이어졌다. 전쟁의 공포는 점점 더 커졌다. 겁이 난 사람들은 가지고 있는 유가증권을 서서히 현금화하고 만일의 일을 대비해 현금을 가지려고 했다. 쉽게 이해가 가는, 그리고 논리적인 대응이었다.

그런데 여기서 자연스럽게 나오는 질문은, 그러면 그런 때 누가 주식을 샀는가 하는 것이다. 이미 말했듯이, 큰 주식 시장에는 항상 매수인과 매도인이 있다. 먼저, 전쟁은 일어나지 않고 히틀러는 퇴격할 것이라고 확신하는 낙관주의자들이 주식을 샀다. 그 다음은, 전쟁이 일어나더라도 길지 않을 것이라고 생각하는 자들이 샀다. 독일은 경제적으로 약했고 히틀러는 허풍이 세므로, 전쟁 몇 달 후에는 평화를 구걸해야 할 것이라는 생각이었다. 한편 주식 시세가 정말 바닥이어서 전쟁이 일어나든 일어나지 않든 사야 할 시점이라고 판단한 이들도 있었다. 특히 기관 투자자들이 그랬다. 이들은 매수 시세가 좋아 보일 때 가지고 있는 현금을 처리해야 했다. 또 돈이 생겨서 바닥권 시세에서 자사주를 매입하는 회사도 있었다.

어쨌든 시세는 천천히 바닥으로 떨어졌다. 히틀러가 한 번 위협할 때마다 시세는 더 떨어졌다. 특히 8월 23일, 몰로토브 장관과 폰 리벤트로프 장관이 독일-러시아 조약에 서명하자 시세는 뚝 떨어졌다. 독일과 러시아가 동맹군이 되어 폴란드를 나눠 가지려고 하니 유럽의 운명은 정해졌다고 사람들은 생각했다. 전쟁이 코 앞에 닥친 것 같았다. 주식시세는 계속 떨어졌다. 주식 시장과 은행은 문을 닫을 것이고, 모든 입출금에 대해 모라토리움이 선언될 것이다, 등등 벌써 전쟁이 몰고 올 최악의 상황을 걱정했다. 프랑스 주식을 사는 것도 정말로 큰 용기가 있어야 할 수 있는 일이었다. 파리 주식 시장뿐만 아니라 뉴욕과 런던의 주식 시장도 극도의 약세로 돌아섰다. 나 역시 최악의 상황을 상정했다. 전쟁보다 더 나쁜 것을 상상할 수 있겠는가?

극도로 긴장된 며칠이 지난 후, 마침내 9월 1일 폴란드와 단치히가 침공을 받았고, 9월 3일 프랑스와 영국이 독일에 전쟁을 선포했다. 그런데 주식꾼과 머니 매니저들이 놀랄 만한 일이 벌어졌다. 은행도 주식 시장도 문을 닫지도 않았고, 모라토리움도 없었다. 심지어 외환 시장도 닫지 않았다. 더욱 더 놀랄 일은, 주식 시세가 슬슬 바뀌더니 로케트처럼 올라가기 시작한 것이다. 누가 전쟁에 대한 대응으로 주가가 치솟을 거라고 생각이나 했겠는가? 이 상황을 도대체 어떻게 설명할 수 있을까?

원인은 여러 가지가 있었다. 한 가지는 시장의 기술적 상태와 페따꼼블리(Fait accompli) 현상 때문이었다. 이에 대해서는 나중에 다시 설명하겠다. 또 아주 논리적으로 들리는 설명도 있다. 대중은 몇 달 동안 겁에 질려 있었고 현금을 보유하고자 했다. 그러나 이제 새로운 장이 시작되었다. 전쟁이 일어난 것이다. 대중은 경험을 통해 전쟁이 인플레이션을 의미한다는 것을 알고 있었다. 인플레이션, 돈의 가치 하락, 대중은 1차 대전을 기억했다. 그러자 현금을 가능한 한 유가물과 바꾸고 싶어졌다. 부동산은 빨리 살 수가 없다. 그래서 주식을 산 것이다. 주식이 현금보다는 나아보였다. 주가의 급상승은 독일이 네덜란드를 공격하기 전까지 계속되었다. 독일의 네덜란드 공격 후, 주식은 곤두박질쳤다. 갑자기 대중과 주식 놀이꾼들은 불타는 전쟁이 시작되었음을 깨달았다. 급락은 6월 중순, 독일군이 파리를 점령할 때까지 계속되었다. 파리가 점령되자 주식 시장은 문을 닫았고, 점령된 파리에서 비점령지인 비쉬로 옮겨졌다. 물론 거래량은 아주 작았고, 시세도 이전의 몇 배로 떨어졌다.

이것이 주식 시장이다! 주식 시장은 예측할 수 없게 반응하고 히스테리컬하며 일상의 논리와는 반대로 반응한다. 일상의 논리와 주식시장의 논리는 같지 않다.

중기적인 주식 시세에 가장 중요한 요소는 무엇인가?

금리와 자본 시장의 유동성이 앞으로 다가올 몇 달 동안, 즉 중기적으로 주식의 공급이 많을지 수요가 많을지를 결정한다. 금리, 특히 장기 금리는 채권시장에 직접적인 영향을 미친다. 채권 수익률이 내려가면, 돈은 주식 시장으로 오게 된다. 하지만 이런 금리의 영향은 얼마간의 시간이 지나야 나타난다. 채권 시장이 타격을 입으면 틀림없이 6개월 내지 12개월 후에 주가도 폭락한다. 주식 시장의 분위기가 좋아서 폭락이 조금 연기될 수는 있어도, 갑자기 번개가 치듯이 폭락이 온다. 채권 시장의 폭락과 주식 시장의 폭락 사이의 기간이 얼마나 될 것인지는 사전에 예상할 수가 없다. 아주 많은 요소가 작용하기 때문이다. 가장 중요한 요소는 시장의 기술적 상태이다. 이에 대해서는 나중에 상세히 설명하겠다.

장기적인 주식 시세에 가장 큰 영향을 미치는 것은 무엇인가?

장기적으로 보면 대중의 심리는 결정적인 것이 아니다. 몇 년 후에 일어날 국내외 정치 상황에 대해 오늘 벌써 걱정을 하거나 반응할 사람이 누가 있겠는가? 물론 금처럼 대중의 깊은 심리적 정서가 오랫동안 영향을 미쳐 장기간 사랑 받는 물건도 있기는 하다.

금리 동향 역시 장기적으로는 예상 불가능하다. 사람들은 미국 연방은행 총재가 미국 금리의 지배자라고 얘기한다. 어떤 점에서는 맞지만, 어떤 점에서는 맞지 않는 말이다. 연방 은행 총재도 3개월 후에 자신이 어떤 금리 정책을 쓰게 될지 알지 못한다. 3개월 후에 금리를 내리게 하는 상황이 올지, 올리게 하는 사건이 터질지 그로서도 알 길이 없기 때문이다. 국내외 정치의 큰 줄기나 긴장 관계는 예상할 수 있지만, 몇 개월 후 대중, 기업, 소비자가 어떻게 행동할 지는 예측할 수 없다. 인플레이션 조짐이 보이면 금리를 올리고, 기업이 투자를 주저하고 산업이 침체에 빠져 있으면 금리를 내릴 뿐이다.

하지만 역시 금리 변동이 주식 시장에 가장 중요한 영향을 끼치는 요소임은 확실하다. 사회적 분위기, 노동 시장, 외국과의 새로운 무역계약, 타국에서의 금융 사건, 이 모든 것이 연방은행의 행동에 영향을 미친다. 일정 기간 투자 대중을 관찰하는 것만으로는 충분하지 않다. 시간이 지난 후 투자 대중이 이후의 상황 전개를 어떻게 판단할지도 예상할 수 있어야 한다. 즉, 예상의 예상을 할 수 있어야 한다. 이 모든 문제는 연방은행의 총재라도 정확하게 예측할 수 없다. 연방은행 총재는 지배자라기보다는 항해사라고 해야 맞을 것 같다. 인플레이션과 디플레이션 사이, 경제 위기와 호황 사이, 낙관주의와 비관주의 사이를 뚫고 배를 안전하게 몰고 가야 하는 항해사 말이다.

장기적인 관점에서 보면 경제, 산업 분야, 개별 기업의 발전, 개별 기업의 향후 이익, 성장 등이 결정적인 역할을 한다.

언론 매체가 발전하면 주식 시장도 투명해진다고 할 수 있는가?

투명성은 높아진다. 하지만 그렇다고 해서 각자 스스로 도출해야 하는 결론이 더 성공적이 되는 것은 아니다. 정보는 혼자 알아야만 소중한 자본이 될 수 있다. 모든 주식 투자자가 아는 정보와 뉴스는 아무 가치가 없다. 그런데 오늘날 우리가 아는 정보 대부분은 노출된 것이다. 나는 항상 이렇게 말한다. “이미 모두가 아는 것이라면 나를 뜨겁게 만들지 못해.” 중요한 것은 뉴스를 해석하는 것이다. 그런데 해석은 틀릴 때가 더 많다. 뉴스를 잘못 해석하면 그것이야말로 가장 위험하다.

그런데 번개 같이 빠른 통신 기술 덕분에 완전히 사라진 주식 거래분야도 있다. 바로 차익 거래(Arbitrage)다. 이것은 여러 주식 시장의 시세 차이를 이용해 돈을 버는 거래다. 20년 전에는 뉴욕, 런던, 파리, 프랑크푸르트 사이의 차익거래가 아주 성행했다. 그때는 각 시장 사이에 2~3%의 시세 차이가 있어서 그것을 가장 먼저 아는 사람이 이익을 볼 수 있었다. 한 곳에서 주식을 사서 다른 곳에서 팔아 2~3%의 수익을 올리는 것이다. 오늘날은 모든 주식 시장이 통신상 연결되어 있어서 시세 차이는 몇 초 만에 없어진다. 당시는 모두들 경쟁자보다 일분이라도 먼저 다른 곳과 전화를 연결하려고 난리였다. 수완 있는 차익거래 투자자는 전화교환 센터에 줄을 대려고 노력했다. 전화가 자동이 아니었을 때는 전화교환수 아가씨들과 친해지려고 애썼다. 그래서 향수나 사탕을 뇌물로 주거나 아예 연애를 시도하기도 했다. 내가 아는 어떤 사람도 차익거래로 성공했는데 어느 교환수 아가씨와 연애를 해서 급기야 결혼까지 했다. 이런 노래도 있었다. "안녕! 귀여운 따르릉 요정 아가씨, 안녕! 오늘은 주가가 어떤가요?"

앞서 말한 이유로 더 이상 차익거래를 하지 못하게 된 이들은, 공간의 차익거래 대신 시간의 차익거래로 방향을 바꿨다. 이제 두 곳의 시세 차이로 돈을 버는 것이 아니라 오늘과 내일의 시세 차이를 이용해 돈을 버는 것이다. 이것은 더 이상 직업이 아니라 주식 게임이다.

비논리적인 것처럼 보이지만 증권시장에서는 논리적일 수 있는 예를 하나 든다면?

경제가 호황을 누리면 주식 시세도 좋아질 거라는 생각을 할 수 있다. 하지만 이것은 틀린 생각이다. 경제가 호황이면 직접 투자에 돈이 많이 들어가기 때문에 저축된 자금의 많은 부분이 직접 투자로 흘러간다. 그러면 주식을 살 돈은 얼마 남지 않는다. 중앙 은행은 혹시라도 호황과 함께 인플레이션이 올라갈까 봐 금리를 올린다. 그런데 높은 금리 때문에 호황이 점점 둔화되면서 계획했던 투자가 연기된다. 갑자기 은행에는 유동 자금이 많아지고, 금리는 떨어진다. 중앙은행도 더 이상 브레이크를 걸 필요가 없다. 이제 주가는 올라갈 수 있다. 전에 했던 새로운 투자가 높은 이익으로 결실을 맺으면, 주가는 더더욱 올라간다.

이상으로 알 수 있는 것은 경기가 호황이더라도 주가가 떨어질 수 있다는 사실이다.

침체기에는 어떤가?

반대 역시 논리적으로 정확하다. 침체기에는 주식 시장이 상승하기 시작한다. 침체기에는 투자를 많이 하지 않으므로 저축한 돈의 아주 일부만이 사용되기 때문이다. 은행에서 잠자고 있던 돈은 지루해지기 시작한다. 그 돈을 정기 예금에 넣을 수도 있지만, 금리가 너무 낮아 주식의 배당금도 안 된다. 이에 반해 호황기에는 자본금 확대나 신규 회사 설립으로 인해 새 주식이 시장에 쏟아져 이미 거래되고 있는 주식의 경쟁자가 된다. 이는 중고 자동차 시장과 비슷하다고 할 수 있다. 수요가 많아서 오래 기다려야 새 차를 만들어 줄 수 있다면, 중고 자동차의 가격은 올라간다. 반대로 자동차 회사가 대대적인 광고를 하며 값을 싸게 해 주거나 선물을 주면, 중고 자동차 시장은 바닥으로 떨어진다.

결론은 무엇인가?

투자자는 경기 순환에 반대로 행동해야 하고, 주식 시장에 있는 대중의 일반적 생각을 따르지 말아야 한다.

분위기 말고 주식 시장의 추세에 중요한 것은 또 무엇인가?

주식 시장이 상승하려면, 두 가지 가장 중요한 요소, 즉 유동성과 대중의 심리적 분위기가 긍정적이어야 한다. 대중이 주식을 살 능력이 있고 의향도 있으면, 주식 시장은 상승한다. 대중이 주식을 살 돈도 없고 의향도 없으면, 주식 시장은 하락한다. 한 가지 요소는 긍정적인데 다른 한 가지가 부정적인 경우도 종종 있다. 이때는 큰 움직임은 없고 떨어졌다가 올라갔다가 또 떨어졌다가 올라갔다 하는 작은 진동만 생긴다. 이때가 그날 샀다가 다음 날 파는 놀이꾼들에게 가장 좋은 시장이다. 이런 시장은 두 가지 요소가 둘 다 긍정적이거나 둘 다 부정적이 될 때까지 계속된다.

두 요소 모두 긍정적이 되면, 상승 추세가 시작되며 심지어 피크까지 가기도 한다. 두 요소가 부정적으로 변하면, 극적인 급락장이 연출된다. 유동성과 분위기는 또한 서로에게 영향을 끼치기도 한다. 금리가 떨어지면 분위기가 좋아질 수 있고, 반대로 분위기가 나쁘면 유동성도 떨어질 수 있다. 예를 들어 세계적인 정치 위기나 갈등에 대한 우려가 생기면, 채권 시장에 부정적인 영향을 미친다. 왜냐하면 장기채권을 사려고 하지 않고 오히려 팔려고 할 것이기 때문이다. 이런 걱정의 결과, 금리가 올라간다. 하지만 더 중요한 것은 항상 유동성이다. 유동성은 우리 투자자가 어느 정도 예측할 수 있다. 정부의 금리정책은(단기적으로) 모두에게 공개되어 있기 때문이다. 그에 반해 심리적 분위기는 절대 예측할 수가 없다.

실제로도 이런 현상을 경험했는가?

물론이다. 증권 시장에 발을 들여 놓은 첫날(1924년 파리 증권 거래소), 어떤 노신사가 내게 말했다. "젊은이. 이제껏 못 봤는데, 여기 새로 왔나?"

"네, 그렇습니다. 저는 XY 회사의 수습사원입니다."

"아, 그런가? 그 회사 사장이 내 친구이네. 그래서 자네에게 여기서 일어나는 일을 간단히 설명해 주겠네. 모든 것을 결정하는 것은 단 한 가지라네. 여기 있는 바보의 머릿수보다 주식이 더 많은가, 아니면 주식보다 바보가 더 많은가, 그것이네."

이 말은 아직도 내 귀에 생생하다. 이는 주식 시장의 추세를 분석하는 데 있어서 콜럼버스의 달걀과 같은 것이다. 그 노신사의 표현은 신랄했다. 주식 투자로 별 재미를 못 보아서 그럴 수도 있다. 하지만 그의 말은 맞다. 나는 이 진리를 다른 말로 표현하고자 한다. 즉, 주식을 파는 것이 주식 소유자에게 더 중요하고 급한 일인가, 아니면 주식을 사는 것이 돈을 가진 사람에게 더 중요하고 급한 일인가, 이것에 의해 모든 것이 결정된다.

지금도 같은 생각인가?

그렇다. 주가의 등락을 결정하는 것은 주식의 질이 아니라, 수요의 강도 혹은 공급의 강도이다. 투자자는 어디서 수요 혹은 공급이 올 것인지 분석해야 한다.

바보들이란 누구인가?

다행히도 바보들은 아주 많다. 바보들이 없다면 주식 시장은 어떻게 되었을지도 모른다. 나는 어느 나라든 객장에 즐겨 간다. 세계 어느 곳에도 주식 시장 객장만큼 1평당 바보의 수가 그렇게 많은 곳은 없을 것이다. 이들은 모두 자신의 정신적 분수를 넘어서 사는 사람들이다. 이들을 잘 이해하고 이들이 세계적인 사건들과 경제 사건을 어떻게 분석하는지 듣는 것도 아주 중요한 일이다. 마치 카드놀이, 특히 포커게임을 할 때 옆 사람의 생각을 알아야 하는 것과 마찬가지다.

그러면 투자자는 다른 이들의 바보스러움 때문에 득을 보는 것인가?

물론이다. 투자자는 자신의 영리함보다 다른 이의 바보스러움 때문에 득을 보는 때가 더 많다. 사람은 바보에게서도 배울 게 있다. 그렇게 하면 안 된다는 것 말이다.

그렇다면 아주 지능적인 컴퓨터가 최고의 투자자가 아닐까?

아니다. 왜냐하면 컴퓨터의 영리함은 오직 어떤 자료가 들어갔는지에 따라 결정되기 때문이다. 미국인들이 말하듯, '들어간 대로 나온다.' 컴퓨터는 투자자가 알고 싶어하는 데이터를 보는 데 아주 유용한 도구일 뿐이다. 도서관에서 수많은 인쇄물과 책을 찾아보는 대신, 단추 하나를 눌러 자료를 얻을 수 있다. 30년 전에 미국 최고의 증권회사는 300명이 일하는 자료실을 가지고 있었다. 오늘날은 20명의 직원과 한 대의 컴퓨터가 이 일을 대신한다. 컴퓨터는 투자자의 가장 중요한 특성 중 하나인 상상력이 빠져 있다. 또 국내 및 국제적인 정치적 전개나 기술의 발전도 컴퓨터에 입력되어 고려되지 않는다.

유동성은 어떻게 계산하는가?

이미 말했듯이, 가장 중요한 역할을 하는 것은 유동성이다. 대중의 심리는 변덕스럽기 때문이다. 대중의 심리는 한 순간에 한쪽 극에서 다른 쪽의 극으로 바뀔 수 있다. 하지만 유동성의 변화는 장기적으로는 아니지만 최소한 단기적으로는 추적할 수 있다. 중앙 은행의 결정, 큰 은행들의 대출 정책 등에서 어떻게 될지 예측하는 실마리를 찾을 수 있다. 유동성이 없으면 증권 시장은 상승하지 않는다. 옛 헝가리에서 집시 음악가들이 하던 말처럼, '돈이 없으면 음악도 없다!' 돈이 곧 음악이고 주식 시장의 연료이다.

증권 시장과 자본 시장의 관계는 다음 예를 통해 아주 쉽게 설명할 수 있다. 큰 대야 하나와 작은 대야 하나가 나란히 있다고 상상해 보라. 큰 대야는 전체 경제의 돈이 들어있는 대야이고, 작은 대야는 증권 시장의 돈이 들어있는 대야이다. 대출 정책, 저축 증가, 외환 유입, 무역 수지 흑자, 외국으로부터의 자본 유입 등으로 큰 대야로 물이 많이 들어오는데 산업이나 공공 및 개인들이 자금을 덜 필요로 해서 물이 천천히 빠진다면, 큰 대야의 물은 점점 차오르게 된다. 물이 넘치면, 넘친 물이 작은 대야, 즉 증권시장으로 떨어지고 그 결과 주가는 오른다.

하지만 그 반대도 성립한다. 큰 대야의 물이 흘러 들어오는 것보다 빨리 빠진다면, 작은 대야인 증권 시장에 들어갈 물이 남지 않게 되고 그러면 주가는 떨어진다. 따라서 큰 대야의 물이 어느 정도 차 있는지를 끊임없이 추적해야 한다.

그 밖에 주식 시장의 추세에 영향을 미치는 조건이나 요소가 없는가?

있다. 상승이 다가올지 하락이 다가올지 결정하는 특히 중요한 조건은 시장의 기술적 상황이다. 시장의 기술적 상황이라 함은, 상승이나 하락이 오랫동안 지속된 후 대량의 주식이 소신파 투자자의 손에 있는지 부화뇌동파의 손에 있는지를 말한다.

장기적으로 보면 좋지 않거나 심지어 위험할 것 같다고 생각하면서도 단기적으로는 그 주식을 사야 할까?

아니다. 어떤 경우에도 그래서는 안 된다. 어떤 차가 50Km 후에 심각한 사고를 당할지 모른다고 생각하면서, 5Km만 간다고 그 차를 타겠는가?

국내외 정치 상황이 증시에 안 좋게 될 수도 있다고 생각한다면, 하지만 선거일이 아직 많이 남았기 때문에 미래의 일이라고 생각한다면, 이 위험을 미리 계산에 넣어야 한다. 아직 시간이 많다고 근거를 대며 이 위험을 간과해서는 안 된다. 나는 30년대 이와 관련한 내 경험이 아직도 생생히 기억난다.

30년대 나는 파리 증권 거래소에서 공매도 투자를 했다. 이유는 경제적 이유가 반, 정치적 이유가 반이었다. 하지만 작전 세력이 주가를 올리려고 조작했기 때문에, 주가는 기술적 이유에서 계속 올라갔다. 그때 독일에서는 선거가 있었고 처음으로 히틀러와 국가사회당이 큰 승리를 거두었다. 갈색 유니폼을 입고 십자표시 완장을 찬 67명의 나치 의원들이 제국의회로 들어갔다. 많은 이들에게 이는 끔찍스러운 사건이었다.

그런데 파리 증권 거래소는 이에 어떤 영향도 받지 않았다. 장래의 추세를 바꿀 계기가 될 수도 있었는데 우습게도 주가는 계속 올라갔다. 나는 동료들에게 프랑스의 원수인 이웃 국가에 평화를 위협하는 세력이 권력을 잡았는데 이렇게 주가가 상승하다니 정말 이해할 수 없다고 반복해서 떠들었다. 그랬더니 동료들은 이렇게 말했다.

“독일에서 일어나는 일이 우리와 무슨 상관이야. 여기는 프랑스라고!”

나는 이런 반응에 정말 놀랐다. 그리고 며칠 전에 본 영화 이야기를 해 주었다.

"버스터 키튼은 외딴 곳에 있는 집에서 피아노를 치고 있었다. 그는 꿈을 꾸듯이 천정을 바라보며 피아노를 쳤다. 그때 누군가 나쁜 이가 와서 집에 불을 질렀다. 건물은 불타고 모든 벽이 무너졌다. 하지만 버스터는 아무것도 안 보이는 듯이 계속 피아노를 쳤다. 벽이 완전히 무너져 내려도 그는 곡의 마지막 구절까지 계속 연주를 했다. 곡이 끝나자 그는 주위를 둘러보았다. 집이 보이지 않자 그는 놀라 소스라쳤다. 그리고 소리를 지르며 그곳을 뛰쳐나왔다. 자네들도 집이 불타고 있다는 것을 알게 될 쯤 이렇게 될 거야."

그래서 어떻게 되었는가?

내가 말한 대로 되었다. 서서히 주식 투자자들은 히틀러의 등극이 심각한 뉴스라는 것을 깨달았다. 그리고 주가가 상승할 것이라는 생각을 접었다. 그러자 주가가 폭락했고 나는 큰 이익을 볼 수 있었다. 요컨대, 주식 투자자는 자기 코 앞만 보지 말고 항상 앞을 내다봐야 한다.

자동차 운전을 배울 때, 운전 선생은 항상 이렇게 말했다.

"차 바로 앞에 무엇이 있는지 보지 말고 항상 100m, 200m 앞을 봐라."

나는 이 말대로 해 보았다. 그랬더니 갑자기 자동차 운전을 할 때의 느낌이 달라졌다. 증권 거래도 마찬가지다. 주가가 내일 혹은 모레 오를지 생각하지 말고, 앞으로 무슨 일이 생길지 그리고 다음 달과 내년에는 어떻게 될지 생각하라.

어느 주식시장에서 가장 큰 이익을 볼 수 있는가?

아주 많은 요소에 따라 다르다. 먼저 상대적인 숫자로 계산할 것인가 절대적인 숫자로 계산할 것인가에 따라 다르다. 절대적인 숫자로 계산하면 확실히 미국이 가장 크다. 왜냐하면 미국 시장은 엄청나게 크기 때문이다. 한 주식이 수만 주 공급되거나 수요가 생겨도 시세에 영향을 미치지 않을 정도다. 상대적인 숫자로 말하자면, 시간 및 기타 요소에 따라 아주 다르다. 어떤 때는 런던에서 가장 큰 이익을 볼 수 있고 어떤 때는 도쿄, 혹은 파리가 되는 등, 원칙은 없다. 많은 젊은 투자자들이 시드니, 홍콩, 싱가포르를 비롯해 이국의 시장에 관심을 두지만, 이는 내 취향은 아니다. 젊은 신참 투자자들은 이들 나라에서 소식이 오면 아주 우쭐해 하면서 시드니나 홍콩에 전화를 걸기도 한다. 그리고 갑자기 전 세계를 대상으로 투자하는 거물급 국제 투자자가 된 듯한 기분을 느낀다.

그런 외국의 주식 시장에서는 이익을 볼 수 없는가?

볼 수는 있다. 하지만 초보자는 대규모의 미국 및 유럽 시장에 투자하는 것이 좋다. 여기에도 기회가 충분히 있지 않은가? 어떤 시장에서 생각을 많이 해서 성공하려면 그 나라를 잘 알아야 한다. 대중의 정서, 투자자의 정서, 정치와의 연관, 은행의 정책, 중앙은행의 태도, 증권 시장의 기술적 이해 등을 모두 알아야 한다.

이 모든 것을 유럽에서 알아내고 추적할 수는 없다. 나 역시 50년대에 도쿄 증권 시장에 투자해 좋은 경험을 했지만, 이제는 이런 시장에는 참여하지 않을 것이다. 2차 세계대전 후에는 사태를 파악하기가 쉬었다. 평화가 찾아왔고 일본은 규율과 근면과 끈기 덕분에 다시 호황을 누릴 것으로 예상되었다. 이런 예상은 옳았다. 하지만 그로부터 35년이 지난 지금, 도쿄 증권 시장은 게임장이 되어 버렸다. 포커 게임 격언에 모르는 사람과는 게임을 함께 하지 말라는 말이 있다. 오늘날의 일본은 내게 알려지지 않은 나라이다. 나는 그 나라 말은커녕 알파벳도 모르는 나라에는 투자하지 않는다는 것을 원칙으로 하고 있다.

주식은 자본을 구하는 기업이 대규모자금을 얻을 수 있도록 해 준다. 이것이 더 많은 경제적 민주주의로 가는 길일 수 있는가?

그렇다. 주식이 자유시장 경제에서 어떤 의미를 갖는가는 이미 언급했다. 대기업의 주식이 광범위한 층에 의해 소유되면 이는 점차 일종의 국민 자본주의로 가게 된다. 증권 시장 덕분에 소규모 개인 투자자도 자신의 기호대로 산업 분야를 골라 기업에 참여할 수 있다.

공급과 수요가 가격을 결정하는 자유시장 경제에서 이 원칙에 따라 기능하는 유일한 시스템이 주식 시장이라고 할 수 있는가?

거의 그렇다. 하지만 많은 나라에서 원자재와 부동산 가격, 환율(환율법이 있는 나라를 제외하고)도 자유롭게 정하고 있다. 세계적인 경향은 계속 모든 분야에서 자유를 인정하는 쪽으로 가고 있다.

기업의 자본 증가는 주가 상승을 의미하는가?

아니다. 이는 기업의 전망과 자본 시장의 일반적 추세에 따라 결정된다. 떨어지는 추세라면 자본 증가는 오히려 부정적으로 작용하고, 반대로 올라가는 추세에서는 긍정적인 영향을 미친다.

배당금이 많아지면 주가도 올라갈 것이라고 예측할 수 있는가?

무조건 그렇지는 않다. 특히 단기적 혹은 중기적으로 말이다. 배당금이 높아질 것이라고 기대되면 주가가 올라가면서 미리 주가에 반영된다. 그래서 정작 배당금을 높일 것이라는 발표가 난 후에는 주가가 오히려 내려가는 일이 흔히 있다. 이것이 바로 그 유명한 페따 꼼뻴리 현상이다.

기명 주식은 무기명 주식보다 비싼가?

아니다. 그 반대다. 회사가 두 가지 종류의 주식을 갖고 있다면(스위스에서 특히 이런 경우가 많다), 기명 주식이 무기명 주식보다 싸다.

공매도 투자에 대해서는 어떻게 생각하는가?

금방 떠오르는 대답은, '공매도 투자자는 남의 돈을 호시탐탐 엿보는 사람이므로 신이 저주한다'는 오래된 증권 속담이다. 공매도 투자자는 오로지 다른 사람의 손실을 통해 이익을 본다. 공매도 투자는 아주 독특한 메커니즘을 갖고 있다. 어떻게 갖고 있지도 않은 것을 팔 수 있는지에 대해서는 이해가 필요하다. 앵글로 색슨 사람들은 공매도 투자자를 곰(Bear)이라고 부르는데, 이에는 곰이 죽기도 전에 곰 가죽을 판다는 뜻이 포함되어 있다. 공매도 투자자는 특이한 성격을 가지고 있다. 이들은 비관주의자로서 항상 주가가 너무 높다고 생각한다. 그래서 계속 주가가 떨어질 것이라고 보고 투자한다.

부다페스트 증권 시장에서 어느 공매도 투자자에 대해 떠돌던 이야기가 생각난다. 그는 아주 공격적으로 공매도를 했는데, 주가는 계속 올라가고 또 올라가기만 했다. 그의 손실은 점점 커져 갔다. 어느 날 그는 증권 시장의 한 귀퉁이에 서서 주가가 올라가는 소리를 듣고 있었다. 어느 동료가 그에게 물었다.

"이 젊은이들이 주가가 오른 덕에 얼마나 벌 것 같습니까?"

"하나도 못 법니다. 이들이 오늘 버는 모든 돈은 내일 폭락 후에 나한테로 오게 되어 있습니다. 그 사이에 이들이 여자와 샴페인을 위해 쓴 돈은 아쉽게도 내가 챙기지 못하게 되겠죠."

공정함이라는 개념은 명확히 하기 힘들다. 하지만 주식의 가격이 공정하다고 말할 수 있을까?

아니다. 공정한 가격이란 너무 과장된 표현이다. 세상의 어떤 컴퓨터, 어떤 수학 천재도 주식의 공정한 가격을 계산할 수 없다. 예를 들어 지멘스 같은 기업의 가치를 계산할 수 있는가? 설령 이론적으로 가능하다고 해도, 주가는 절대로 그 가치가 아니라 그 가치보다 높거나 낮을 것이다. 가격은 수요와 공급의 산물이며, 수요와 공급은 아주 다양한 요소와 조건에 의해 결정된다. 같은 가격이라도 어느 때는 너무 높고 어느 때는 너무 낮다고 할 수도 있다. 이것이 시세 변동을 낳는다. 가격은 단지 견적일 뿐이다. 높거나 낮거나 모두 순전히 상대적인 것이다.

내게 보헤미안 친구가 한 명 있었는데 그는 셔츠가 두 장밖에 없었다. 그는 하나가 다른 하나보다 상대적으로 더러워질 때까지 하나만 계속 입었다. 주식은 다른 주식보다 상대적으로 높거나 상대적으로 낮거나 할 수 있다. 가격에 대해 사고하는 것은 투자자의 역할이다. 오스카 와일드의 말을 들어 보자.

"회의론자(투자자)는 모든 것의 가격을 안다. 하지만 가치는 모른다."

고도의 테크닉을 사용하며 항상 이노베이션의 요구를 받는 현대 산업사회는 많은 자본을 필요로 한다. 그래서 주식의 잠재력이 폭발적으로 커질 가능성이 있지 않은가?

바로 그렇다. 다시 말하건대, 사기업에게는 주식이 기업 확장의 토대다. 그리고 증권 시장이 없이는 주식회사가 가능하지 않고, 투자가 없으면 증권 시장이 존재할 수 없다. 간단히 말해 주식 투자는 경제 발전에 필수 불가결한 요소다.

이후 국민 대중이 주식구매에 열을 올리는 때가 올 것인가?

바로 그렇다. 모든 투자자가 부딪치는 문제는 오직 다음 뿐이다. 언제, 어떤 가격에 어느 시장에서 어느 주식을 사야 할 것인가. 이 문제에 대한 대답이 행동을 결정한다.

많은 기업이 주식 시장으로 들어와 새로운 주식이 많아지면 주식 시장에 유리한가?

그렇지 않다. 반대다. 수많은 새 주식이 만들어지는 동안, 언론과 선전을 통해 증권 시장의 분위기를 낙관적으로 만든다. 낙관적이면 낙관적일수록 대중은 빨리 새 주식을 삼킨다. 하지만 낙관적인 분위기가 사라지면, 이에 대한 반응도 그만큼 격렬하게 나타난다. 새 회사설립이나 자본 증가 등으로 인한 주식 증가는 거의 항상 나중에 주가가 극적으로 떨어지게 됨을 의미한다. 어느 순간 갑자기 바보들의 머릿수보다 주식 수가 많아지게 된다.

이런 하락이 생각했던 것보다 심각하게 나타나는 수도 있다. 하지만 이미 예상하고 또 올 거라고 확신한 일이지만, 최고의 경제 전문가조차도 그저 망연자실할 뿐 아무 것도 할 수 없다. 아주 조심스럽게 늦추거나 멈추도록 노력할 수 있을 뿐이다. 이 상황에서는 다가올 사태에 준비를 하고 그에 따라 행동하는 것이 상황에 대처하는 최고의 기술이다.

주식 시세는 어떻게 움직이는가?

주가는 다음과 같이 움직인다. 증권 시장은 바닥에 와 있고 주가는 상승장을 겪은 후 아주 크게 떨어져 있다. 이유는 금리가 오르고 시중에 유동 자금이 없어졌기 때문이다. 주식을 살 돈이 없어진 것이다(큰 대야의 물이 얼마 없음을 상상하라). 또한 투자자들 사이에는 경제 발전 및 기업의 이윤과 관련해 비관적인 생각이 퍼져 있다. 얼마 전 주가가 떨어지면서 부화뇌동파의 손에서 소신파의 손으로 넘어온 주식은 이제 확실한 손 안에 있다. 나쁜 뉴스에도 주가가 더 이상 떨어지지 않는다면, 이는 부화뇌동파가 주식을 모두 팔아버렸다는 증거다. 이제 주식을 가지고 있는 소신파는 나쁜 사건을 이미 계산에 넣었고 나쁜 뉴스가 있을 거라는 점도 이미 알고 있다. 시장은 바닥권에서 어느 정도 움직이지 않고 머무른다. 가끔 작은 움직임이 있지만 중요한 것은 아니다. 이윤과 배당이 줄어든다는 소식이 나오기도 한다. 하지만 이는 이미 반영된 자료이므로 시세에 더 이상 영향을 끼치지 않는다.

얼마 후 이윤이 생각했던 것보다는 나쁘지 않다는 뉴스가 들려오고, 중앙 은행은 높은 금리 때문에 바닥으로 떨어진 경기를 다시 활성화시키기 위해 화폐 시장의 금리를 내린다. 금리가 하락하면 사용할 수 있는 돈이 많아진다. 배당과 자본시장의 금리 사이의 관계에서 주식이 유리하게 된다. 그리하여 노련한 프로 투자자와 선구자들이 주식을 사기 시작한다. 물론 오른 가격에서 말이다. 그렇지 않다면 소신파 투자자들이 주식을 내놓지 않을 것이다.

처음에는 조금씩 천천히 산다. 주가가 올라가면서 비관적인 분위기는 점점 약해진다. 이로 인해 새로운 투자자가 시장에 들어오고 주가는 다시 올라간다. 이리하여 비관주의가 약해지고, 새로운 매수자가 등장하고, 주가가 올라가고, 낙관적이 되고, 주가가 다시 올라가는 일련의 과정이 반복된다. 이렇게 해서 상승 운동의 첫 국면이 진행된다. 전에 너무 비관적인 분위기가 팽배해 주가가 가치보다 훨씬 밑으로 떨어졌다는 사실도 한몫을 한다. 배당 수익률은 주식의 가격이 낮은데 비해 너무 높았고, 그래서 배당금이 작아지든지 주가가 올라가든지 두 가지 중 하나가 수정되어야 했다. 그런데 경제 상황이 나빠지기보다는 좋아졌기 때문에 주가가 올라갔다. 그리하여 이 운동의 첫 번째 국면에서는 주가가 전보다 현실적인 수준에 도달한다. 나는 이 첫 번째 국면을 '조정 국면'이라고 부른다.

금리가 떨어진 결과 경제는 다시 활성화되고 이윤이 천천히 증가하고 있다는 뉴스가 들려오기 시작한다. 주가는 이 새로운 낙관적인, 그리고 경제적으로 근거가 있는 발전과 발을 맞춰 함께 서서히 올라간다. 금리는 떨어지고 이윤은 증가하고 그로 인해 분위기는 점점 무르익는다. 이 국면을 나는 '동행 국면'이라고 부른다. 주가가 전체 발전과 동행하기 때문이다.

점점 더 많은 투자자와 노름꾼이 시장으로 몰려온다. 금리 하락과 기업의 이윤 증가 덕분에 낙관적인 분위기가 퍼져간다. 이제 두 번째 국면에서 세 번째 국면으로 넘어간다. 계속해서 매수자가 나타나고 이들이 주가를 계속 올린다. 위험은 전혀 생각하지 않고 끝없는 낙관주의만이 팽배하다. 많은 이들이 냄새를 맡고 나방이 불 속으로 뛰어들 듯이 게임에 뛰어든다. 상승은 또 다른 상승을 낳는다. 이를 나는 '과장 국면'이라고 부른다.

나무는 하늘 끝까지 자라지 않는다. 모든 부화뇌동파는 주식을 포화 상태까지 사들이고 돈이 없으면 신용으로 산다. 은행은 유동 자금을 아주 많이 갖고 있으므로 유리한 조건에 돈을 빌려 주고 이로 인해 주식을 매수하도록 자극한다. 주가는 더 달아오른다. 뿐만 아니라 은행은 자신들이 보유하고 있는 주식을 대량으로 매각하고자 한다.

이제 상황은 이렇게 전개된다. 소신파가 판 주식은 부화뇌동파의 손에 있다. 그런데 주식 호황이 인플레이션을 일으킬 염려가 있으므로 중앙 은행은 조심스럽게 금리를 올리고 유동 자금을 줄이기 시작한다. 주식 보유자는 더 높은 가격에 주식을 살 새로운 구매자를 기다린다. 하지만 중앙 은행의 새로운 통화 정책의 결과 새로운 돈이 증시로 흘러 들어오지 않는다. 주가는 이제 이윤과 배당금 증가 등 좋은 경제 뉴스에도 불구하고 더 이상 오르지 않는다. 몇몇 투자자는 더 높은 가격에 주식을 팔 수 없게 되자 시장에서 나오려고, 혹은 돈이 필요해서 주식을 판다. 처음에는 천천히 그리고 약간의 주식을 팔지만 이로 인해 주가는 떨어진다. 이것이 하강 운동의 첫 번째 국면이다. 점차 이윤 감소, 배당금 감소 등의 나쁜 뉴스가 들리고 주가는 더 떨어진다. 이것이 하강 운동의 두 번째 국면이다. 떨어지는 주가와 나쁜 뉴스는 사람들을 두렵게 만들고 그리하여 또 다시 주가 하락, 두려움, 주식 매도, 주가 하락이라는 일련의 과정이 시작된다. 이번에는 반대방향이다. 그리고 마지막으로 모든 것을 던지는 투매 현상이 일어난다. 이것이 하강 운동의 세 번째 국면인 과장 국면이다. 주가가 대중의 심리적 압력에 밀려 가치보다 훨씬 더 깊이 떨어지기 때문에 과장국면이라고 부른다. 요컨대 부화뇌동파는 점점 더 낮은 가격에 주식을 팔고, 소신파는 이를 사들인다.

투자자가 노련하면 할수록, 일반적인 추세와 반대로 행동한다. 추세와는 반대로 하강 운동의 세 번째 국면에서 이미 매수를 시작한다. 그리고 상승 운동의 첫 번째 국면에서도 매수를 한다. 그리고 그대로

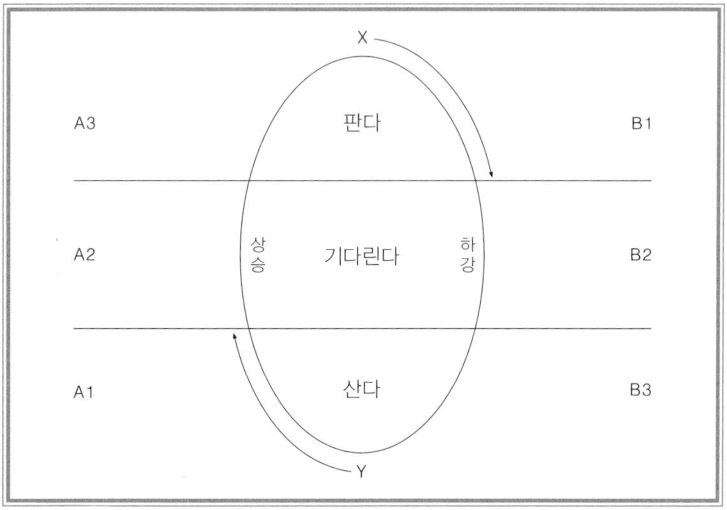

A1 = 조정국면(거래량도 적고 주식 소유자의 수도 적다)

A2 = 동행국면(거래량과 주식 소유자의 수가 증가한다)

A3 = 과장국면(거래양은 폭증하고 주식 소유자의 수도 많아져 X에서 최대점을 이룬다)

B1 = 조정국면(거래량이 감소하고 주식 소유자의 수가 서서히 줄어든다)

B2 = 동행국면(거래량은 증가하나 주식 소유자의 수는 계속 줄어든다)

B3 = 과장국면(거래량은 폭증하나 주식 소유자의 수는 적어져 Y에서 최저점을 이룬다)

A1 국면과 B3 국면에서 매수한다.

A2 국면에서는 기다리거나 가지고 있는 주식을 계속 보유한다.

A3 국면과 B1 국면에서 매도한다.

B2 국면에서는 기다리거나 현금을 보유한다.

진행되도록 내버려 둔다. 그 후 상승 운동이 정점에 달하면 서서히 팔기 시작한다.

여기서 상승 운동의 세 번째 국면이 항상 마지막에는 폭발적이 된다는 점을 염두에 두어야 한다. 많은 투자자들이 팔고 나서 잘못 팔았다고 생각하는데 이런 생각에는 큰 위험이 도사리고 있다. 판 날로부터 더욱 올라가는 주가를 보며 그만큼 더 벌 수 있었을 텐데 하고 생각할 때, 고통은 크다. 그래서 갑자기 다시 주식을 사기로 결심한다. 팔았다가 다시 산 사람들이 많이 나올 때쯤, 추세 전환점이 다가온다. 옛 증시 격언에 이런 말이 있다. 비관적인 하락장 투자자가 낙관적이 되면, 이는 시장에서 나와야 한다는 신호다. 그 반대도 성립한다. 열정적인 낙관주의자가 비관적이 되면, 이 때가 시장에 들어갈 때이다. 상승과 하강의 세 국면을 분석해 보면, 전체 사이클에서 2/3는 추세와 반대로 행동하고 1/3은 추세와 함께 가야 한다는 것을 알 수 있다.

하지만 이렇게 하는 것은 매우 어렵고, 아주 엄격한 규율을 요구한다. 주식 시장 참여자의 대부분, 즉 90%는 항상 똑같은 생각을 하기 때문에 각 개인이 전체 의견과 자신을 분리한다는 것은 매우 어려운 일이다. 모두가 죽도록 비관적인데 혼자 낙관적이기 힘들고, 반대로 모두 하늘을 찌를 듯 흥겨워하고 있는데 혼자 비관적이기도 힘들다.

하지만 가장 큰 성공의 열쇠는 바로 추세와 반대로 행동하는 것이다. 물론 항상 반대로 하라는 것은 아니다. 이미 말했듯이 전체 운동의 1/3은 추세와 함께 가야 한다. 상승장에서는 즉시 팔지 말고 어느 정도 추세와 함께 가고, 하락장에서는 즉시 사지 말고 기다렸다가 투매가 일어날 때를 잡아 산다. 각각의 국면과 사이클이 얼마 동안 진행되는가는 뭐라고 정할 수 없다. 이는 전의 시장이 어느 정도로 '과매도 시장' 혹은 '과매수 시장'이었는지, 대중의 심리는 어떤가를 비롯해 여러 다양한 요소의 영향을 받기 때문이다. 증권 시장은 경제 추세와 나란히 흘러가는 것도 아닐(심지어 때로는 반대로 가기도 한다) 뿐만 아니라, 또 경제 발전의 추세 자체도 장기적으로 예측할 수 없다. 내년에 호황이 오리라는 것을 오늘 안다면, 이미 이에 대비할 것이다.

컴퓨터가 백 퍼센트 확실히 내년에는 주가가 100이 될 것이라고 예측한다면, 주가는 오늘 이미 99가 될 것이다.

그러니까 항상 추세에 반해서 행동하라는 말인가?

무조건 그렇지는 않다. 항상 그리고 절대적으로 추세와 반대로 해서는 안 된다. 처음에는 추세와 반대로 시장에 들어와서 다음은 추세와 함께 가고 마지막으로 추세에 반해 행동해야 한다. 추세와 함께 가는 시간은 상대적으로 짧다. 전체 운동의 약 1/3밖에 안 된다.

한 시기의 길이를 어떻게 알아낼 수 있는가?

언제 한 국면이 다른 국면으로 넘어가는지 계산하는 과학적 방법은 없다. 날짜까지 정확히 계산하는 방법은 더더욱 없다. 상승 운동은 몇 년에 걸쳐 진행될 수도 있고 몇 달에 그칠 수도 있다. 이는 스스로 경험과 징후를 기초로 판단해야 한다. 계속 반복하는 말인데, 증권 시장의 추세를 알아내는 일은 과학이나 학문이 아니라 기술이고 예술이다. 증권 시세나 추세를 과학적인 방법으로 예측하려는 사람은 협잡꾼이거나 바보이거나 아니면 둘 다이다.

증권시장 붕괴 후, 새로운 전환점이 올 징후가 보일 때, 많이 떨어지지 않은 주식, 혹은 많이 떨어진 주식, 아니면 완전히 바닥을 친 주식 중에 어떤 주식을 사야 할까?

어느 정도 가치를 보존했거나 별로 떨어지지 않았다는 것은 우리가 모르는 어떤 이유가 있는 것이다. 완전히 파괴된 주식은 아마 거의 파산 상태였을 것이다. 이런 주식은 위험하지만 전환점과 함께 파산을 면하게 되면 가격이 많이 오를 가능성이 있다. 따라서 나는 안정적인 주식과 이런 주식을 섞어서 사겠다. 모든 위기 후에는 높은 금리 때문에 혹은 일시적인 어려움 때문에 폭락한 주식이 많이 생긴다.

이런 주식을 사는 것은 옵션을 사는 것과 비슷하다. 추세가 바뀌면 2배, 혹은 3배의 이익을 볼 수 있기 때문이다. 옵션에 비해 장점은 정해진 기일이 없다는 것이다. 시장이 다시 좋아질 때까지 기다릴 수 있다. 반면 옵션 매입자는 그 동안 계속 옵션을 매입하느라 이미 오래 전에 피를 흘리고 쓰러질 것이다.

증권 시장의 게임 시스템 전반에 대해 어떻게 생각하는가?

이 질문에 대해서는 일화를 하나 소개하겠다. 파리에서 나는 매일 푸끄 카페를 지나다녔다. 이 카페는 사업가, 영화계 인사, 투자가, 예술가들이 모이는 곳이었다. 그런데 매주 일요일 똑같은 테이블에 10~12명 정도의 중년 남자들이 모여 한 남자의 강의를 주의 깊게 듣고 있는 것이 눈에 띄었다. 알고 보니 이들은 전에 사업을 하던 부유한 러시아 폴란드계 사람들이었다. 강의를 하는 사람은 몇 년 전 6개월 동안 두 번이나 연이어 복권에서 일등으로 당첨된 사람이었다. 그가 어떻게 하면 복권에 당첨되는지 자신의 '시스템'을 가르쳐 주고 있는 것이었다. 이들은 그의 말을 아주 주의 깊게 듣고 메모까지 했다. '과학적인' 게임 시스템이라는 질문을 받으니 이 장면이 생각난다. 나는 복권 당첨 시스템과 마찬가지로 조 그랜빌이나 헨리 카우프만의 진단도 회의적으로 바라본다.

그랜빌은 다우존스 지수가 30포인트 떨어진다고 예언했다가 적중한 후, 스스로를 불패의 증권 대가라고 칭하며 노벨 경제학상에 버금가는 대우를 요구했다. 그런데 이 하락은 사실 그 자신이 일으킨 것이었다. 그는 2만~5만의 주식 소유자들에게 전보를 보내서 모든 주식을 팔 것을 적극 권고했다. 수천 명의 순진한 투자자들이 갑자기 모든 주식을 팔면, 30포인트의 하락은 일어날 수 있다. 그리하여 그랜빌은 하루 아침에 저명한 증권 인사가 되었고, 독일에서도 수천의 추종자를 얻었다. 그 후 그랜빌 추종자들은 좀 냉정해졌을 것이라고 생각한다. 몇 년 전 그랜빌은 또 한 번 자신의 능력을 증명하고 싶어서 당시 750이던 다우존스 지수가 폭락해 곧 450까지 내려갈 것이라고 예언했다.

"나는 할머니들에게도 모두 피할 수 없는 폭락이 올 것을 대비해 투자하라고 명한다."

그 후 무슨 일이 일어났는지는 월스트리트의 역사가 말해주고 있다. 다우존스 지수는 450으로 떨어지기는커녕 1850으로 올라갔다. 금융의 역사상 유례가 없는 상승이었다. 특이한 것은 그랜빌이 전혀 부끄러워하지 않고 계속 예언을 하고 있다는 것이다.

한번은 공식적인 모임에서 그와 토론을 했는데, 그는 이렇게 비꼬며 말했다.

"코스톨라니 씨는 백 중 51만 맞으면 된다고 주장합니다. 나는 백이면 백 모두 맞습니다. 또 나는 '내 생각에는' 혹은 '내 말은' 같은 말을 하지 않고 '나는 알고 있다'고 말합니다."

가장 재미있는 것은 우리 둘만 남자 그가 내게 한 말이다.

"코스톨라니 씨, 잘 아시죠. 저는 코미디언입니다."

그런데도 전 세계 수십 만 명의 투자자가 그의 입술이 움직이는 대로 한다.

조 그랜빌처럼 헨리 카우프만도 몇 년 전 금리의 추이를 정확히 예언해서 유명해졌다. 하지만 얼마 전부터는 계속 틀린 예언만 하고 있다. 혹은 이미 진행되고 있는 것을 예언이라고 얘기한다. 내 생각에, 그는 자신의 예언으로 채권 시장에 영향을 끼치고 싶어 하는 것 같다. 어떤 집단이 수백 만의 광고비를 들여 그를 '금리 예언자'로 추대한 다음, 그의 예언으로 채권 시장의 시세를 단기적으로라도 움직일 수 있도록 하려는 것 같다.

많은 자칭 증권 도사들 중에 쿠르트 올리뮐러라는 사람이 있었다. 내가 칼럼에서 증권 시장의 점성술사, 연금술사, 그와 비슷한 학자들을 비웃자, 그는 그의 이름을 언급하지 않았는데도 내 글을 개인적인 모욕으로 여기고 편지를 보내왔다. 그는 시세 발전을 정확히 예측할 수 있는 새로운 이론을 발명했다며 대대적인 광고를 했던 것이다. 몇몇 기자들은 이 발명을 한 그를 위해 축하연을 열어주기도 했다. 그는 신의 이론을 '황금 분할'이라고 불렀다.

그는 내게 쓴 편지에서 나를 욕하며 조 그랜빌의 작은 손가락에 담겨 있는 증권 지식이 내 머리 속에 있는 지식보다 많다고 썼다. 그는 내게 옛 증권 일화나 쓰지 말고 30일 후 주가가 어떻게 될지 정확하게 예측하라고 요구했다. 그리고 증권 시장은 열심히 연구해야 할 어려운 과학이라고 썼다.

불행히도 그의 이론은 비극적으로 끝이 났다. 몇 달 후 그는 아내를 총으로 쏘아 죽인 다음 스스로 목숨을 끊었다. 유서에서 그 불쌍한 친구는 이렇게 썼다. 그는 아직도 자신의 이론이 옳다고 확신하지만 더 이상 그 이론에 매달릴 정신적 여유도 건강도 없다는 것이다. 그는 고객이 맡긴 돈을 모두 잃어버렸다. 이 비극적인 사건은 광기 어린 시스템 게임꾼에게 어떤 일이 일어날 수 있는지 보여 주는 가장 좋은 예이다. 나는 그가 조 그랜빌 예언의 희생자라고 생각한다. 후에 알아보니, 그는 시카고 주가 지수 시장에서 자신이 운용하는 모든 돈을 뉴욕증시가 폭락할 것이라는 그랜빌의 예언에 따라 투자했던 것이다.

이런 광기의 목록은 길고, 책 한 권을 써도 모자란다. 이것들 모두 푸끄 카페의 복권 예언자를 떠올리게 만든다.

요약해서 말하면, 항상 주의하고, 모든 예언을 믿지 말라는 것이다. 유감스럽게도 대중은 이 사실을 빨리 잊어버린다. 광고가 뜨거우면 뜨거울수록 대중은 걸려든다. 그래도 뭔가 있겠지 라고 생각하면서 말이다.

증권 시장에는 낙관주의자가 더 많은가 비관주의자가 더 많은가?

모든 거래에는 매수자와 매도자가 있다. 즉, 낙관주의자(10분 동안만이라도)와 비관주의자가 있다. 이들은 한 주식을 하루 동안에도 몇 번이나 교환한다. 추세는, 낙관주의자가 주식을 사는 것이 더 중요하고 시급한가 아니면 비관주의자가 주식을 파는 것이 더 중요하고 시급한가에 따라 결정된다.

어느 날 하한가 매도 주문만 있다면, 주가는 아주 많이 떨어진다. 매수자가 전혀 나타나지 않으면, 주가는 단 한 건의 거래도 없이 곤두박질친다. 그리고 반대로 상한가 매수 주문만 있고 공급은 없다면, 주가는 단 한 건의 거래도 없이 급등한다. 서구나 일본의 큰 증권 시장에서는 이런 경험을 한 적이 없다. 하지만 작은 시장에서는 이런 일이 지난 10~20년 동안 몇 번 발생했다. 리스본의 증권 시장은 스피놀라가 정권을 잡자 문을 닫았다. 조금이라도 주식을 팔 수 있는

가능성이 전혀 없었기 때문이었다.

반대로 부에노스 아이레스에서는 아르헨티나의 여성 독재자인 아름다운 아자벨라가 군사 혁명 위원회에 의해 체포되자, 30일간 증권 시장을 닫았다. 공급이 하나도 없었기 때문이었다. 다시 문을 열었을 때, 주식은 전보다 100% 오른 가격에서 거래되었다.

증권시장 참여자의 수는 얼마 정도 되는가?

주주의 절대적인 수에 대해서는 각 나라가 정확한 통계를 내고 있다. 그러나 증권 시장에서 단기적으로 거래하는 참여자까지 포함한 수는 추측할 수 있을 뿐이다. 상승 운동이 지속되는 중에는 참여자의 숫자가 점점 많아져 정점에 도달할 때 최고를 이룬다. 이때는 주식의 분산 정도가 아주 높아서, 많은 소액 주주가 주식을 보유하게 된다. 물론 이는 이후의 발전에 아주 부정적인 일이다. 소액 주주 대부분은 경험이 없는 부화 뇌동파이기 때문이다. 상승 운동의 세 번째 국면에서 아직 마지막 파도가 치고 있을 때, 시장은 폭발할 수도 있는 등, 매우 위험하다.

반면 하강 운동에서는 참여자의 수가 점점 적어지고, 바닥에 이르면 아주 소수의 사람에게 대량의 주식이 집중된다.

스위스의 무기명 계좌에 대해 어떻게 생각하는가?

나는 이 점에 대해 오래된 동화를 깨고 싶다. 스위스의 무기명 계좌는 아주 매력적이기는 하지만 하나의 과대광고이다. 스위스의 비밀무기명 계좌는 완전히 익명은 아니다. 하지만 매우 엄격한 은행 기밀을 유지한다.

무기명 계좌에는 항상 이름, 소유자의 이름이 있다. 무기명 계좌의 장점은 아주 제한된 소수의 은행 직원만이 소유자의 이름을 안다는 것이다. 이를 통해 고객을 보호한다. 이름은 없고 번호만 있는 편지나 통장 명세서가 나쁜 손에 들어가더라도, 악용될 소지가 없다.

스위스의 은행 기밀은 확실히 보장되어 있다. 이를 위반하면 형사처벌 되고, 심지어 징역형을 받을 수도 있다.

은행 기밀은 모든 기명 계좌와 무기명 계좌에 해당된다. 범죄사건, 상속, 파산 등의 경우에는 은행 기밀을 유지하지 않는데, 이런 경우에도 스위스 법원의 판결이 있어야 한다.

반면, 정부, 금융 공무원, 세무서, 외환 경찰에는 어떤 정보도 제공하지 않는다. 세금 빼돌리기, 외환 한도 넘기 등은 스위스에서 전혀 범죄가 아니며 죄라고 여기기도 않는다. 스위스에서 은행 기밀을 지키는 것은 '정언명령'이다.

스위스의 망명법은 아주 오래되었다. 1685년 낭트 칙령과 함께 프랑스 개신교 신자들이 스위스로 망명했고, 150년 동안 나폴레옹 3세에서 레닌까지 전세계에서 정치적으로 쫓기는 이들이 와서 몸을 피했다. 스위스 헌법에는 개인의 자유와 사적 재산은 나눌 수 없는 것으로 둘 다 똑 같은 보호를 받는다.

스위스 사람들은 특히 세금 문제에 민감하다. 빌헬름 텔은 사과와 활 때문에 스위스의 전설적인 인물이 된 것이 아니라, 독재자 루돌프 폰 합스부르크의 과도한 세금에 대항해 저항 운동을 이끌었기 때문에 유명해졌다.

그로부터 700년 후 스위스 장관급리 특별 대사 발터 스투키가 워싱턴에서 미국과 유럽의 계좌를 볼 수 있게 해 달라는 미국의 요구를 끈질기게 반대함으로써 현대의 빌헬름 텔 역할을 했다. 미국 같이 모든 은행 직원이 누구에게나 계좌 정보를 줄 수 있는 나라로서는 스위스의 고집을 이해할 수 없었다. 나 또한 고객의 거래에 대해 기밀을 지키지 않는 브로커와 은행 때문에 화가 난 적이 여러 번 있었다. 세계에서 가장 자유로운 나라에서 세무서 직원이 모든 납세자를 심문할 권력을 가지고 있다는 것은 패러독스다.

스위스가 있는 한, 은행 기밀은 존재한다. 세계의 외환 상황과 스위스 프랑켄의 시세 변동과 상관없이, 스위스 은행은 계속 전세계 예금자들의 인기를 유지할 것이다. 이들은 고객을 일급 요양소의 고객처럼 다루기 때문이다.

'세금 오아시스'란 무엇인가?

세금 오아시스는 재산이 많은 사람 누구에게나 가치가 있는 것은 아니다. 오늘날 서구의 모든 나라는 세금 문제에서만큼은 아주 밀접하게 연결되어 있기 때문이다. 모든 나라는 다음 두 가지 원칙을 고수한다.

첫째, 모든 시민은 세금을 내야 한다.

둘째, 양국 간에 협정이 맺어져 있는 한, 수입은 이중 과세되지 않는다.

백만장자가 자신의 유동 자본을 고향의 세무서 몰래 숨기고자 한다면, 가능하다. 아무 서구 국가의 큰 은행에 오아시스 회사의 이름으로 유가 증권과 현금을 예치하면 된다. 그러면 재산세와 자본 소득세는 내지 않아도 된다. 하지만 채권에 대한 금리와 주식의 배당금은 유가증권이 발행된 나라에서 자동적으로 원천 징수된다.

기업이나 상인이 조용한 대서양 한복판에 회사를 가지고 있다고 해도, 세금을 면제 받을 수는 없다. 세금을 전혀 안 내려면, 그 대서양 섬나라의 거주자가 되어야 한다.

오늘날 전 세계를 통틀어 세금 오아시스라고 부를 수 있는 곳이 약 35군데 있다. 이 숫자는 계속 증가 추세에 있다. 세금 도주로 하나의 산업을 만들 수 있는 미니 섬들이 계속 발견되고 있기 때문이다.

이 오아시스 대부분은 지도에도 나와 있지 않을 정도로 작다. 하지만 아무리 작아도 수천 개의 회사가 등록할 수 있다. 심지어 주민 수보다 많은 숫자가 등록되어 있을 수도 있다. 그런 회사는 순전히 이름과 우편함으로만 구성되어 있으므로 아무 문제없다. 하나의 작은 우편함을 수십 개의 회사가 같이 쓸 수도 있다.

그런 작은 섬에는 공항이 없고, 주말에 배로만 왕래할 수 있으며, 전화나 팩스도 연결이 안 된다는 사실 또한 장애가 되지 않는다. 소득세, 자본 소득세, 상속세를 전혀 혹은 거의 요구하지 않는 조세법이 통용되고 있으면 된다.

모든 세금 망명자는 각자 장점과 단점이 있다. 하지만 모두 한 가지 공통점을 가지고 있으니, 비합법적인 것을 합법적인 것으로 만들고, 검은 돈을 흰 돈으로 만들며, 고향에서는 죄로 평가되는 것을 거기서는 미덕으로 만든다는 것이다.

경제vs주가

주식시장의 분위기를 바꾸는 경제적 이유에는 어떤 것이 있나?

주식 시장의 분위기가 바뀌는 것은 경제적인 이유나 동기 때문이 아니다. 오히려 기술적 요소 혹은 심리적 요소, 혹은 둘 다가 중단기적인 시세에 가장 큰 영향을 끼친다. 그 중 유동성은 아주 큰 역할을 한다.

이런 움직임이 경제에 좋은 것인가?

그럴 수도 있고 아닐 수도 있다. 원래 주식 투자란 것은 돈을 저축한 대중이 장기간 돈을 주식에 넣어놓는 것이다. 주식을 산다는 것은 돈을 장기간 기업에게 예치하는 것이나 다름없다. 앞서 말했듯이 주식 시장이란 주식의 형태로 얼려 놓은 돈을 필요할 때 해동시키기 위해 있는 것이다. 심지어 존 케인즈는 주식을 산 사람은 주식과 결혼한 것과 마찬가지로 가까이 연결되어 있다는 이론을 내세웠다.(케인즈는 이혼의 가능성에 대해서는 아마 생각한 적이 없었을 것이다.)

하지만 악마가 등장해서 호모 사피엔스를 호모 루덴스(놀이하는 인간)로 변신시켰다. 호모 루덴스는 시세가 크게 출렁거린다는 것을 알게 되자 그것을 이용해 돈을 벌기 시작했다. 그렇게 해서 주식 투자 게임은 날로 발전해갔다. 저축금을 가진 사람이 점점 많아지자 게임은 더 커졌다. 어떤 사람이 갑자기 큰 돈을 가지게 되면 이성을 잃고 어떻게 하면 인플레이션에서 그 돈을 지킬 수 있을지, 세무서에는 어떻게 숨길지, 그리고 가장 중요하게는 어떻게 돈을 불릴지 고민하느라 극도로 예민해진다. 재테크 비법에 귀를 기울이며 여기저기 헤매고 다닌다. 이런 대중을 조작하기란 그야말로 식은 죽 먹기이다. 대중을 패닉 상황에 빠뜨리거나 혹은 이익에 혈안이 되도록 만들어 투자게임에 끌어들이기는 아주 쉽다. 그리하여 주식 시장이 상승하면,

수천 명의 사람들이 늦지 않으려고 너도나도 달리는 기차에 뛰어 오른다. 대중으로서는 주식 시장이 절정에 달했는데 주식 하나 없이 그 장면을 지켜보고 있어야 한다면 참으로 고통스러운 일일 것이다. 어쩌면 주식을 산 후 손해를 보는 것보다도 더 고통스러울 것이다.

이 설명에 따르면, 은행과 금융기관은 대중에게 정직하지 않다는 뜻인가?

아니다. 정직하지 않은 것은 절대로 아니다. 하지만 종종 책임감 없이 행동하기는 한다. 은행과 금융기관의 직원들은 모르고 하는 것이며 경험이 없기도 하다. 또 약간은 자신의 이해관계에 따라 행동한다. 은행과 금융기관의 직원들도 가족이 있고, 은행과 금융기관 자체도 먼저 주주의 이익을 위해 행동하는 이윤 창출 기업이다. 따라서 은행과 금융기관도 주주들에게 건실한 재무제표를 보여 주고 최대한의 배당금을 줄 의무가 있다. 그렇다고 해서 대중의 돈으로 이익을 얻기 위해 대중을 기만한다고 말할 수는 없다. 식당 주인이 어떤 음식을 그날 안으로 없애버리고 싶어서 특별히 그 음식을 추천한다고 가정하자. 그렇다고 그가 정직하지 않다고 말할 수는 없다. 한 가지 확실한 것은, 광고나 시세 상승으로 인해 주식이 점점 인기를 얻게 되면 전체 경제를 위해서도 좋다는 점이다.

하지만 시세가 떨어져서 대중이 돈을 잃게 되면 경제에 나쁘지 않은가?

어느 정도까지는 그렇다. 주식의 역사를 보면, 주식 붐이 온 후에는 항상 폭락이 따라왔다. 주식이 폭락하면 수천 명의 사람들이 돈을 잃게 되지만, 이미 이 돈의 많은 부분은 기업에게 흘러 들어갔다. 붐 시기에는 수많은 새로운 기업이 생기고, 폭락 후에는 수많은 기업이 다시 사라진다. 하지만 없어지는 기업보다 많은 수가 살아남아 경제 발전에 중요한 역할을 하게 된다. 이런 현상은 특히 현대적이고 혁명적인 산업 분야에서 두드러지게 나타난다.

사회주의 국가에서도 투자가 얼마나 중요한지 보여 주기 위해 헝가리를 예로 들었는데, 왜 그런가?

헝가리 정부와 공무원들은 오랫동안 힘든 경험을 한 후에, 자유주의 시장경제가 몇몇 폐해가 있기는 하지만 정통 사회주의보다 생산

적이라는 사실을 깨달았다. 게다가 국민의 예금액(주로 은행 예금으로 있음)이 많아져서 인플레이션을 일으킬 소지가 있으므로 이를 없애기를 바랐다. 이에 따라 국유화된 기업들은 보통의 예금 금리보다 높은 고정금리 채권을 발행했다. 만기도 여러 가지로 다양하게 두었다. 대중은 이를 환영하며 사들였다. 이것이 유가증권 투자로 가는 첫 번째 단계였다.

두 번째 단계는, 기업들이 금리 외에도 기업의 이익 일부분을 같이 지급하는 채권을 발행한 것이다. 이것은 서방세계에서 우선주라고 부르는 것과 정확히 일치한다. 즉, 고정적인 금리와 이윤의 일부분인 배당금이 합쳐서 지급된다. 현재 헝가리에서는, 전문가들이 금리는 아예 없고 이윤 일부분만 지급하는 채권을 발행할까 고민하고 있다. 이를 서방세계의 말로 하자면 배당금을 받는 주식이다. 이렇게 정부는 저축한 돈을 유동성이 강한 예금에서 꺼내 기업으로 가도록 한 다음 동결시키려고 하는 것이다. 기업의 수익이 좋으면 배당금이 금리보다 많을 수 있기 때문에 더욱 관철하기가 쉽다. 예금자들은 이제 머리를 싸매고 어느 기업의 '채권'을 사야 배당금이 올라갈지, 어느 기업이 수익을 전혀 내지 못하거나 적자를 낼지 고심해야 한다. 어디에 돈을 넣어야 좋을지 생각하는 것이 바로 '투자'이다. 헝가리에서도 독일이나 미국과 마찬가지로 대중이 투자를 시작한 것이다. 사회가 투자의 즐거움을 북돋우고 있는데, 이는 좋은 일이라고 할 수 있다.

하지만 사회주의 국가에는 주식회사가 없지 않은가?

없다. 하지만 주식회사의 맹아 형태는 이미 있다. 사회주의 국가에도 여러 명의 파트너가 함께 자금을 내서 회사를 만들 수 있다. 법률상으로는 한 사람 당 최대 10명의 직원을 고용할 수 있다. 그 이상이 되면 노동자 착취라고 간주한다. 따라서 다섯 명의 파트너가 모여 하나의 회사를 만든다면, 50명의 직원을 고용할 수 있다. 한 마디로 숫자 놀음이다. 한 걸음 나아가, 다섯 명의 파트너는 회사의 주주 증서를 발급해 나누어 가질 수도 있고 다른 이에게 팔 수도 있다. 원칙으로 보면 주식과 마찬가지다. 국가가 사적 주체에게 더 많은 자유를 주려고 할 때 주식회사보다 경제적으로 더 중요한 역할을 하는 것은 없음을 보여 주는 좋은 예라고 할 수 있다.

자유시장 경제의 특징은 채권이나 예금이 아니라 주식이다. 채권과 예금은 전통적인 사회주의 국가에도 있다. 돈을 가진 사람이 주식을 통해 어느 기업에 투자할 때, 가장 중요하게 생각하는 것은 금리가 아니라 기업의 이익과 성장의 혜택에 참여하는 것이다. 간단히 말해, 주식 시장은 이익을 좇는 자금이 모이는 곳이고, 따라서 거리 모퉁이든, 나무 아래든, 커피숍이든, 거래소든, 혹은 사적 자본주의든, 반(半)국가 자본주의든, 아주 약간이라도 사적 경제가 있는 곳이라면 어떤 형태로든 항상 존재할 것이다. 주식 없이는 자유시장 경제란 없고, 자유시장 경제 없이는 주식회사의 근거도 없다. 그리고 마지막으로 주식 시장 없이는 주식회사도 없다.

불경기 때 주식을 사야 할까?

그렇다. 불경기 때 정부는 경제를 활성화시키고 금리를 낮추고 통화량을 늘린다. 그러면 첫 번째로 이득을 보는 것이 주식 시장이다. 경제보다 더 빨리 말이다. 돈은 주식 시장을 돌아가게 하는 산소이기 때문이다.

세금이 인상되었는데도 주가가 오를 수 있는가?

그렇다. 불경기 때 주가가 오르는 것과 같은 이치이다. 정부가 세금을 올리면, 화폐 시장에서는 좀 더 여유를 가지고 정책을 세울 수 있다. 이는 주식 시장에 도움이 될 뿐이다.

중앙 은행은 증권 거래에 어떤 영향을 미치는가?

유럽에서는 특히 중앙 은행의 영향이 아주 크다는 점을 명심해야 한다. 유럽에서는 경제 및 신용 정책에서 보수 정부와 좌파 경향 정부의 차이가 미국보다 훨씬 크기 때문이다. 우파가 집권하는가, 좌파가 집권하는가, 이에 따라 투자자와 기업가의 심리와 미래가 큰 영향을 받는다. 하지만 이때도 너무 믿어서는 안 된다. 이미 말했듯이 심리적 반응은 예측 불가능하기 때문이다. 특히 중요한 것은 정부가 인플레이션이나 디플레이션을 저지하려고 할 때 재정 정책을 동원하려고 하는가, 화폐 정책을 동원하려고 하는가 하는 것이다. 결정은 새로 구성된 의회가 어떤 이데올로기에 바탕을 두고 있는가에 따라 다르다.

미국에서는 선거가 증권 거래에 그만한 영향을 미치지 않는다. 미국에서도 4년마다 한번씩 선거를 하지만, 기업가에게는 민주당이든 공화당이든 어떤 당이 권력을 잡든 거의 비슷하다. 둘 다 자유로운 자본주의에 굳게 바탕을 두고 있기 때문이다. 미국에서는 어떤 당인가보다 대통령 개인이 어떤 사람인가가 더 중요하다. 루즈벨트와 트루먼은 민주당이었는데 공화당인 레이건이 누린 만큼 미국 국민의 신뢰를 얻었다. 그에 반해 민주당인 카터, 공화당인 닉슨과 포드는 그만큼의 신뢰를 얻지 못했으며 성공적이지 못한 대통령이었다.

유럽에서는 4~5년에 한 번 선거가 있을 때마다, 결과가 어떻게 나

올지 숨죽이며 떨어야 한다는 불평이 많다.

국제정책은 증권 거래에 어떤 영향을 미치는가?

아주 큰 영향을 미친다. 세계가 긴장 상태인가 평화 상태인가는 대중의 심리에 큰 영향을 미친다. 국제적인 상황의 전개는 모든 산업 분야(평화 산업과 전쟁 산업), 국제 수지, 무역, 차관 등에 영향을 미친다.

국가 기업 혹은 국영 기업의 민영화는 주식거래를 활발하게 하는가?

그렇다. 하지만 반대도 가능할 수 있다. 즉, 민영 기업의 국영화가 증권 시장을 활발하게 하고 주가를 올라가게 할 수도 있지만, 어느 나라에서 어떤 정부 하에 어떤 정치적 분위기에서 이루어지느냐에 따라 다르다. 가장 좋은 예는 최근의 프랑스다. 40대 은행과 20억 프랑의 예치금을 가지고 있는 모든 은행을 국유화하자 파리 주식 시장의 주가는 뛰어 올랐다. 국가는 주주들에게 지난 3년간의 평균가로 주가를 계산해 돈을 지불했다. 그리하여 600억 프랑의 새 돈이 시장으로 흘러 들어 왔다. 주주들이 받은 신선한 돈은 다시 다른 주식에 투자되었고 갑자기 주가 상승에 가장 좋은 상황이 만들어졌다. 투자자들의 주머니에 있는 돈은 늘어나고, 국유화된 대량의 주식이 사라졌으므로 시장에 주식은 얼마 없게 된 것이다. 국유화는 이렇게 극적인 급등을 연출했다.

이제 국영화된 기업을 다시 민영화시킨다면 어떻게 되겠는가?

이에 대해서는 대답을 할 수가 없다. 일반적으로 분위기 상으로는 유리할 수 있다. 정부의 정책이 집단적이고 사회주의적인 노선에서 벗어나는 것이기 때문이다. 하지만 실패할 수도 있다. 투자자의 주머니에 돈이 충분히 없거나 외국인 투자자들이 프랑스 주식을 사려고 하지 않는다면 말이다.

일반적인 금리 정책과 주가의 운명은 아주 밀접하게 연관되어 있는가?

물론 그렇다. 아주 밀접하게 연관되어 있다. 옛날 빈에 "모든 투자자가 똑같이 좋아하는 것이 한 가지 있다. 바로 예쁜 여자와 낮은 금리다"라는 말이 있는데, 이는 그냥 생긴 말이 아니다.

주식의 가장 큰 경쟁자는 장기 채권이다. 장기 채권의 금리가 높으면 연금, 보험회사, 재단, 연금 회사 등 대규모 투자자들이 주식보다 채권을 선호한다. 반대로 채권의 금리가 낮으면 이 기관들은 배당금이 높아질 것으로 기대하며 주식을 산다. 금리가 낮아져 경제가 활성화되고 기업의 이윤이 높아질 것이기 때문이다. 주식과 채권 사이의 이런 메커니즘은 물론 인플레이션이 없는 시기에만 가능하다.

인플레이션 중에는 두 가지 가능성이 있다. 인플레이션을 낮추기 위해 중앙은행이 개입해 금리를 올린다. 그러면 채권의 가격은 떨어진다. 채권 수익율은 올라가고 채권은 주식의 경쟁자가 된다. 금리 상승으로 자본 시장의 유동성이 떨어지고 주식을 살 돈이 충분하지 않게 된다. 그에 반해 중앙 은행이 개입해 금리를 올리지 않으면, 주식시장은 인플레이션의 덕을 본다. 통화량이 계속 늘어나기 때문이다. 요컨대 인플레이션 중의 주가는 인플레이션 때문에 떨어지는 것이 아니라, 인플레이션을 억제하는 정책, 즉 금리 상승과 엄격한 대출 제한 때문에 떨어진다.

금리와 주가 추세의 관계는 어떠한가?

대출의 가격, 즉 금리는 경제에서 가장 중요한 요소이다. 그리고 물론 증권 시장에도 그렇다.

따라서 단기 투자 노름꾼들이 토끼가 뱀을 바라보듯이 매일 금리 변동을 쳐다보는 것도 이해는 간다. 하지만 앞으로 금리가 어떻게 변할 것인지, 그리고 금리에 영향을 주는 요인들을 분석하려고는 하지 않고 매주 발표되는 화폐량 수치에 의거해서만 금리를 보는 것은 웃긴 일이다. 얼마 전까지만 해도 뉴욕에서는 매주 목요일 16시 15분 새로운 숫자가 발표될 때면 상담사나 그들의 젊은 심부름꾼들이 연방준비은행 앞에 길게 줄을 늘어서곤 했다.

통화량이 생각했던 것보다 많아지면, 즉시 금리가 오르고 채권 가격은 떨어진다. 왜냐하면 통화량 신봉자들이 중앙 은행이 조치를 취하리라고 생각하고 행동하기 때문이다. 혹시라도 소식을 빨리 접할 수 있지 않을까 해서 직원을 연방 준비은행으로 보내는 회사가 종종 있다. 수십억이 왔다 갔다 하는 국채 시장 같은 대규모 투자에서는 1분만 빨라도 몇 백만이 달라진다. 급기야 프로들은 통화량의 수치뿐만 아니라 다른 프로들의 통화량 예측이 얼마일까를 염두에 두고 투자를 하기에 이르렀다. 이런 분위기는 연방 준비은행 행장이 화폐량을 인플레이션에 대항하는 무기로 쓰겠다고 발표한 이후 거의 히스테리 같은 과민 반응으로 더욱 발전했다.

미국이든 독일이든 최소한 단기 금리는 중앙 은행이 거의 임의로 정할 수 있다. 중앙 은행은 국채를 사거나 팔아서, 그와 함께 시장으로 돈을 흘리거나 혹은 빼내온다. 이는 물론 주식 시장에 영향을 미친다. 유동성이 시장에 막대한 영향을 미치기 때문에, 모든 노름꾼과 투자자는 연방 중앙 은행이 어떤 결정을 내릴지 촉각을 곤두세운다. 은행의 회의실에 도청기를 두고 그들이 무슨 이야기를 하는지, 어떤 화폐정책으로 갈 것인지 알 수 있다면 얼마나 좋을까 한탄하는 이들이 많다. 하지만 도청기가 없으니 연방 은행의 하급 직원, 아니 수위라도 한 마디 하면 얼른 달려가 귀를 기울인다. 어디서 한번 손뼉 치면 그리고 달려간다. 은행의 중역들이 회의를 마치고 나와 텔레비전에 얼굴을 내밀 때 그 얼굴 표정에서 회의가 어떤 내용이었는지 읽으려고 애쓴다. 나는 이런 우스운 게임은 넌센스라고 생각한다.

독일에서도 수백 명의 시장 참여자들이 새로운 통화량 수치가 무엇인지 알려보려고 각지에서 증권 회사나 중개 회사에 전화를 한다. 하지만 통화량 수치는 그날 하루만 유효할 뿐, 다음 주면 또 다른 수치가 나온다. 내가 보기에 통화량 수치를 갖고 투자하는 것은 지적

능력이 없음을 보여주는 표시이다. 전문가의 반은 금리가 오를 것이라고 예견하고, 반은 내릴 것이라고 예견한다.

예를 들어 통화량이 늘어나면 금리가 올라갈 것으로 예상하고 주식을 판다. 하지만 증권 시세는 유동 자금이 충분하지 않으면 올라가지 않는다. 또한 채권 가격과 그 후 주식 시세까지 결정하는 장기 금리는 단기 금리가 높다고 항상 같이 올라가는 것은 아니다. 왜냐하면 장기 금리는 단기 금리와 달리 연방 은행에 의해 결정되는 것이 아니라 채무자, 그 나라 통화, 재정 정책에 대한 신뢰에 따라 결정되기 때문이다. 그러나 단기 금리조차도 매주 발표되는 통화량 수치로는 접근할 수 없다. 왜냐하면 첫째 중앙 은행의 수장 자신도 세 달 후 자신의 생각이 어떨지 알지 못하며, 둘째 자신의 생각을 혼자서만 간직하기 때문이다.

그는 스핑크스다. 아마도 그는 경제를 활성화시키기 위해 화폐량을 늘리고 금리를 낮추려 할지 모른다. 혹은 인플레이션의 위험을 감지했기에 금리를 올릴 수도 있다. 그의 결정은 또한 .그럴 가능성은 없지만. 정치적인 동기에 의해 내려질 수도 있다. 그는 투자자들을 데리고 쥐와 고양이 게임을 하고 있다. 한 번은 그가 정말로 의도하는 것을 말하고 한 번은 정반대를 말한다. 옛말에 이런 이야기가 있듯이 말이다.

경쟁자인 두 장사꾼이 같은 열차를 타게 되었다.

"자네, 어디 가나?" 한 쪽이 물었다.

"체르노비츠에 간다네."

"거짓말이지. 나한테 네가 카노폴에 간다고 생각하게 하려고 체르노비츠에 간다고 하는 거지? 하지만 난 자네가 체르노비츠에 간다는 것을 알고 있어. 자네 거짓말쟁이군."

투자자들은 미국의 대통령 선거를 주의 깊게 관찰하는가?

나는 선거 결과와 관련해서는 어떤 증시 예측도 하지 않는다. 나는 수많은 선거를 경험했다. 나는 선거 결과를 사전에 알더라도, 투자 대중의 심리적 반응이 어떨지 알려주지 않을 것이다. 정치에서는 모든 것이 가능하다. 뜻밖의 사건이 일어날 수 있다. 나는 여론 조사도 신뢰하지 않는다. 여론 조사와 선거의 결과가 같은 적도 있으나 완전히 다른 적도 경험했기 때문이다. 52년 전부터 나는 미국 선거를 주의해 보고 있다. 1932년 월 스트리트에서는 공식적으로 선거를 놓고 투자를 할 수 있었다. 나는 당시 5천 달러(당시에는 꽤 큰 금액이었다)를 투자했다. 프랭클린 루즈벨트가 허버트 후버를 이기고 당선되면, 천 달러를 이익으로 얻을 수 있었다. 미국 역사상 가장 큰 경제 위기인 후버 위기 때문에 루즈벨즈가 이길 확률은 아주 높았다. 1936년에는 루즈벨트가 경제적 성공 덕분에 이길 확률이 10:1로 더 높아졌다. 미국을 위기에서 구하고 자본주의 시스템을 구한 성공의 결과였다.

그런데 1940년이 되었다. 미국은 중립이었으나 2차 대전에서 영국과 다른 서구 자유 국가들이 큰 위험에 처했다. 루즈벨트를 반대하는 연합이 결성되었는데 여기에는 아주 다양한 세력이 모여들었다. 평화주의자, 루즈벨트가 미국을 전쟁으로 몰아넣을지 모른다고 두려워하는 노인들(그들의 생각이 맞긴 맞았다), 영국을 반대하는 아일랜드인들, 나치 추종자들, 셈족 반대 세력, 월 스트리트와 대자본가들, 세 번 선거에 나가는 것은 전통(워싱턴 대통령 이후 모두 2번만 재선에 나갔다)에 위배된다는 이유만으로 반대하는 많은 보수주의자 등 참으로 상이한 세력들이 하나의 연합을 형성했다. 이 막강한 연합에 비하면 루즈벨트는 전보다 훨씬 왜소했다. 나는 2:1이라고 생각했다. 그런데 그가 당선되었고 1944년에는 네 번째로 당선되었다. 이때는 미국인들이 전쟁 중에 대통령이 교체되는 변화를 겪고 싶지 않았기 때문이다.

선거 전문가들은 최근의 여론 조사에서 1위로 나온 인물에 투표하면 틀림없다고 맹세한다. 이미 전반적인 합의가 완전히 이루어졌기 때문이라는 것이다. 뜻밖의 사건은 없다고 한다. 1948년 선거 중에 나는 다행스럽게도 미국에 없었다. 토마스 드웨이와 해리 투르먼의 확률은 25:1이었다. 이 비율은 좀 과장된 것이지만 기대하는 결과가 나오리라는 데는 의심의 여지가 없었다. 나도 역시 드웨이에 걸었을 것이다. 그런데 트루먼이 당선되었다.

드와이트 아이젠하워는 2차 대전의 영웅이었다. 그는 쉽게 승리했다.

존 케네디는 리차드 닉슨을 이겼다. 케네디는 젊고 멋있고 똑똑했으며 닉은 경직되어 보였기 때문이었다.

린든 존슨은 아주 약한 상대, 인기 없는 극우파 배리 골트워터를 만나 쉽게 이겼다.

후에 닉슨은 미국 역사상 가장 약한 상대인 극좌파 조지 맥거번에 대항해 이겼다. 닉슨은 아이젠하워의 사람이기도 했다.

지미 카터는 자신의 청교도 주의 덕분에 그리고 부패한 닉슨과 워터게이트 사건의 여파로 당선되었다. 1980년 로날드 레이건은 약하고 우유부단한 카터를 상대로 이겼다.

레이건은 강한 남자였고 애국자였다. 그는 테헤란 인질 사건 등, 미국 국민을 경시하는 사건에 참지 않고 대응했다. 그는 미국 경제, 인플레이션, 노동 시장을 바로 잡았다.

대통령들은 왔다가 간다. 하지만 미운 삼촌은 남는다. 세계 정치가 독일 언론에서 이루어지지 않고 미국 워싱턴에서 이루어지는 것이 다행이다.

석유 시장에 대해 그리고 유가에 대해 어떻게 생각하는가?

12년 전 OPEC이 웃으면 서구가 운다는 말을 실감했다. 카르텔이 정하는 원유의 가격이 인상되면, 이는 원유를 생산하는 나라에는 좋지만 서구는 가난해짐을 의미했다. 서구 정부는 세금과 금리를 올리고 새로운 인플레이션에 대처할 긴축정책을 써야 했다. 이와 함께 세계 경제 전체가 마비되었다. 서구 및 개발도상국의 구매력은 극적으로 떨어졌다. 천연가스를 비롯해 모든 에너지 가격이 유가에 맞춰 오르기 때문이다.

증권 시장도 물론 굉장한 고통을 겪었다.

1975년 3월, 나는 원유 생산국들이 5년 간 원유를 팔아서 번 수익이 광산, 농업, 부동산을 포함한 서구 산업 제국의 인프라 전체, 즉 150년간 수백 만 명의 기술자, 학자, 노동자가 피와 땀으로 이룬 수익과 같다는 것을 알게 되었다. 이는 헨리 키신저가 말했듯이 거의 '교살' 수준이었다.

물론 조치를 취하고 복수를 할 수도 있었다. 미국에서는 구매자 카르텔을 만드는 등, 이런 방향으로 계획이 진행되기도 했다. 그런데 일본과 프랑스가 원유 완전 수출 금지를 두려워한 나머지 OPEC 반대 운동을 사보타지했다. 몇몇 정부는 수동적으로 보고만 있을 뿐이었다.

원유로 번 수십 억의 돈은 높은 금리를 찾아 서구에 와 있었고, 산업, 부동산, 호텔 등 대규모 가치 있는 사업에 투자되었다. 이는 몇몇 석유 국가를 더욱 부유하게 만들었다. 이 모든 것이 결국 서구에 사는 보통 사람들의 비용으로 행해진 것이다.

나는 분위기가 아주 나쁠 때도 경험에 따라 낙관주의를 잃지 않았다. 나는 50년 동안 모든 원자재에 투자를 했었다. 벌었든 잃었든 내가 투자하지 않은 대상은 없을 것이다. 그리고 나는 주식 시장에서의 작전 세력과 마찬가지로 카르텔도 자체 비용과 카르텔 가격 사이에 너무 차이가 크면 카르텔이 붕괴되고 만다는 것을 알고 있었다. 그때가 바로 그런 경우였다. 생산 비용은 배럴 당 10센트였던 데 비해 가격은 배럴 당 30달러였다. 이는 정말로 비현실적인 수준이었다.

나는 또한 상품의 가격은 아주 조그만 것에도 영향을 받는다는 것을 배웠다. 요컨대 생산이 소비보다 5%만 높아져도 가격은 수직으로 뚝 떨어진다. 또 소비가 생산보다 5%만 많아도 가격은 치솟는다. 그리고 이 높은 혹은 낮은 가격이 세계 시장에서의 해당 상품 거래에 유효한 가격이 된다. 아주 작은 양 때문에 가격이 달라지는 것이다.

서구는 모든 힘과 기술을 다해 에너지를 절약하고 새로운 에너지원을 찾는 데 집중했다. 그리고 성공했다. 소비는 대폭 줄었고 북해, 멕시코 등의 원유 생산 덕분에 OPEC 나라의 비중이 점점 줄어들었다. 그러자 원유가는 떨어지기 시작했다. 원유국 중 작은 나라들은 계속 더 많이 팔아야 했고 가격을 내렸다.

그리하여 일련의 하락 움직임이 시작되었다. 자체 비용과 판매가 사이의 격차가 큰 만큼 하락 속도는 빨랐다. 오늘날 OPEC 국가들이 어려운 것은 하나도 놀랄 일이 아니다.

1980년 다보스 포럼에서 당시 세계 스타인 사우디 아라비아의 석유 장관 쉐이히 야마니가 한 말이 생각난다. 그는 앞으로 원유가가 어떻게 되겠느냐는 질문에 이렇게 말했다.

"원유가가 어떻게 될지는 아직 말할 수 없다. 하지만 한 가지는 확실히 말할 수 있다. 원유가는 계속 올라갈 것이다."

그는 미국에서 벤진세를 도입하려는 움직임에 대해 어떻게 생각하느냐고 질문을 받자 이렇게 대답했다.

"가격이 올라야 할 때가 되면, 우리가 올려야겠죠."

그리고 우아한 하버드 액센트로 이렇게 덧붙였다.

"우리는 미국에게 교훈을 주려고 합니다."

그는 텔레비전에서 이 협박을 몇 번이나 반복했다.

사우디 아라비아의 장관이 엉클 샘에게 교훈을 주겠다고 협박하다니, 믿기지 않았다. 진지하게 한 이야기인가? 이 시기에 경제 전문가들 사이에는 OPEC이 원유가를 금으로 정하려고 한다는 얘기가 떠돌았다.(당시 30배럴이 금 1온스에 해당되었다.)

경제 위기가 원유가 인상의 결과라는 것은 의심의 여지가 없었다. 그러나 카르텔에 조그만 틈이 생기자, 곧 세계는 위기에서 회복하기 시작했다.

그러자 국제적인 채무 문제가 논쟁으로 떠올랐는데, 원유가가 떨어지면 멕시코 등 원유를 생산하는 나라의 지불 능력이 위험해진다는 얘기였다.

쉐이히 야마니는 가격이 떨어지면 국제적인 재정 및 통화 위기가 올 것이라고 협박하고 있다. 이 얼마나 파렴치한 선전인가. 그 같이 영리한 사람이 원유가의 인하만큼 서구 사회에 큰 선물은 없다는 사실을 왜 모르겠는가? 원유가 인하는 인플레이션을 제어하는 브레이크다. 금리가 내려간다. 에너지 비용이 떨어지므로 소비자는 다른 제품을 살 돈이 많아진다. 그러면 다른 제품의 가격이 그만큼 내려간다. 재정 적자 때문에 힘든 국가는 벤진세를 거두어 숨통을 틔울 수 있다.

원유가가 인하되면 국제 금융 세계에는 좋을 뿐이다. 그러니 야마니가 걱정할 필요 없다. 멕시코의 부채는 이러든 저러든 당분간 지불하지 못할 것이다. 미국은 멕시코로부터의 원유 수입량을 늘리고 OPEC의 수입량을 줄이는 등, 멕시코를 지원하고 있다. 브라질, 아르헨티나, 그리고 다른 비 석유국가도 수십 억을 절약할 수 있다. OPEC이 울면, 이 나라들은 웃을 수 있다.

OPEC은 현재 어려운 상황에 처해 있다. 가장 어려운 때에 싸움이 찾아 든다는 내 경험이 맞다. 내 생각에 미국은 원유가를 어느 정도 수준에서 안정시키려고 개입할 것이다. 가격이 낮으면 새로운 유전을 찾는 투자가 수익성이 없게 되고, 그러면 새로운 유전을 찾는 일에 제동이 걸리기 때문이다. 단기적으로는 좋겠지만 미국은 장기적인 정책을 펴는 나라다. 미국은 장기적으로 에너지 문제에서 독립적이 되는 것이 목표이다. 그리고 미국에서는 국가가 그런 일을 할 수 없으므로 사적 기업이 필요한 투자를 해야 한다. 그런데 이익이 모든 것에 앞서는 나라에서는 충분한 이윤이 있어야만 투자를 한다. 그래서 가격은 투자할 만한 가치가 있을 정도의 수준에 머물러야 한다.

한 나라의 번영과 발전에 경제와 금융 중 무엇이 더 중요한가?

이 질문은 항상 논쟁거리가 되었다. 나는 음악을 좋아하기에 음악을 예로 들어 설명하겠다.

18세기 문학 살롱에서는 오페라에 대해 정열적인 토론이 오고 갔다. 문제는 음악이 먼저인가, 텍스트가 먼저인가 하는 것이었다. 수십 년 전부터 우리는 경제가 먼저인가, 금융이 먼저인가 하는 질문을 하고 있다. 이에 대한 내 대답은 단호하다. 경제가 먼저이다.

오페라에서 텍스트의 역할 같이, 우리의 정치 시스템에서 금융이 차지하는 역할이 크다는 것은 나도 인정한다. 하지만 결정적인 것은 아니다.

결정적인 것은 경제이고, 그 다음에 금융이 온다. 훌륭한 기계와 제품을 가진 공장이 무책임한 재정 때문에 파산하고 주주는 돈을 잃을 수 있다. 하지만 파산한 기업을 유리한 가격에 산 새로운 소유주가 공장의 인프라 덕분에 다시 기업을 일으켜 세우고 돈을 벌어들일 수 있다.

경제는 사람의 몸에 해당되고, 금융 정책은 사람의 생활 방식에 해당된다고 얘기하면 이해가 쉬울 것이다. 몸이 건강하면 조금 잘못 살아도 여기 저기 아플 수는 있지만 완전히 망가져 죽음으로 가지는 않는다. 하지만 태어날 때부터 약한 몸은 아무리 조심해서 살아도 건강해지지 않는다. 생명이 지속되기만 할 뿐이다. 마찬가지로 경제가 튼튼하면 금융 정책이 잘못되었을 때 어려움에 빠지기는 하겠지만 황폐화되는 않는다. 또 최고의 회계 전문가가 있는 아주 엄격하고 견고한 금융 정책이라도 약한 경제로는 기적을 만들어 낼 수 없다. 때문에 나는 경제에 우선 순위를 둔다.

왜 경제학자를 그토록 비판하는가?

부르봉 일가가 프랑스에 돌아온 후 딸리앙은 부르봉 일가에게 이렇게 말한다.

“당신들은 아무것도 잊지 않고 아무것도 배우지 않았군요.”

나는 오늘날의 경제 전문가들에게 똑같은 말을 하고 싶다. 그들은 낡은 이론을 잊지 않고 오늘날의 세계에 대해 더 배우지도 않았다. 때문에 그들은 실패한다. 나는 교수들이 대학에서 학생들에게 경제의 기초를 가르치는 것에 대해서는 전혀 반대하지 않는다. 하지만 그들은 증시 진단은 말할 것도 없고 경제 진단에는 전혀 적합하지 않다. 미국 언론에 따르면 이미 2년 전에 대기업들이 다수의 경제학자들을 해고했다. 완전히 틀린 진단을 해서 기업에 막대한 손해를 끼쳤기 때문이다. 인플레이션, 금리, 유가 등 아무것도 맞는 것이 없었다.

그들의 불행은 과거나 오늘날이나 생각하지 않고 계산만 한다는 것이다. 역사상 위대한 경제학자들, 토마스 모루스, 아담 스미스, 데이비드 리카르도, 존 케인즈 등은 모두 위대한 사상가였다. 그들은 진단이 아니라 이론을 세우고 이론을 통해 정부의 정책에 영향을 끼치려고 했다. 그들의 경제학을 정치 경제학이라고 부르는 것은 바로 그 이유 때문이다. 그에 반해 요즘의 경제학자들은 경리이고 통계사이다. 숫자에 현혹되어 그 뒤에 무엇이 숨겨져 있는지 연구하지 않는다. 숫자 자체도 대부분 틀리거나 위조되거나 분식 처리된 것임은 말할 필요도 없다. 윈스턴 처칠은 이렇게 말했다. “나는 내가 조작한 숫자만 믿는다.” 경제학자들의 분석은 숫자로 넘쳐난다. 6.5% 플러스 3.4% 마이너스 5.8 등등… 콤마 뒤의 소수도 빼놓지 않는다. 하지만 경제와 금융에 가장 중요한 요소는 단 한 가지, 심리라는 사실을 잊어버리고 있다. 심리, 즉 신뢰하는가 아닌가 이것이 결정적이다. 신뢰가 없으면 모든 것이 실패로 돌아가고, 신뢰가 있으면 모든 문제를 풀 수 있다.

국가의 계획과 절대적인 자유 중 어느 것이 경제를 위해 좋다고 생각하는가?

질문을 다시 말하면 정글이 좋으냐, 감옥이 좋으냐가 된다. 이 두 극단 사이의 차이는 크다. 두 이론의 추종자들은 끝없이 진지한 논지를 내 놓는다. 완전한 경제적 자유는 정글로 인도하고, 그와 함께 결국 위험한 정치적 결과를 초래한다. 정글에 천사나 천사처럼 마음씨 착한 생물만 산다면, 정글도 장점이 있다고 생각한다. 하지만 불행히도 정글 속에는 무서운 맹수도 뛰어다니며 이들은 다른 맹수만 노리는 것이 아니라 아무 죄 없는 구경꾼을 공격하기도 한다.

그렇다면 정글 대신 감옥이 낫다는 것인가?

감옥은 아니다. 하지만 자유를 허용하면서도, 강한 자로부터 약한 자를 보호하고 영리한 자로부터 순진한 자를 보호하는 법과 규정이 있는 그런 강한 국가가 오히려 낫다. 자유 거래라는 미명하에 개인 투자자들이 얼마나 많은 손실을 입었는가. 모호한 이국적인 투자 펀드, 먼 나라의 토지 투자, 무모한 상품 선물 거래, 속을 알 수 없는 벤처 회사 등으로 어렵게 모은 돈을 날린 경우가 적지 않았다.

경제 활동을 하는 사람의 궁극적인 목표인 돈은 방사능 같이 위험하고 부패했다. 돈의 유혹에 넘어가 많은 개인과 기관이 수익성은 좋을지 몰라도 공공의 이익에 반하는 거래에 끌려간다. 몽테스키외는 이미 18세기에 이렇게 썼다.

"거래의 자유가 있다고 해서 거래자가 하고 싶은 모든 일을 할 수 있다는 뜻은 아니다. 그리고 거래자의 자유를 제한한다고 해서 거래의 자유를 제한하는 것은 아니다."

그렇다면 경제를 통제해야 한다는 말인가?

자본주의 시스템을 받치는 세 가지 기둥, 즉 자유로운 기업활동,

이익, 자유 경쟁에 해를 가하지 않으면서도 경제를 통제해서 성공할 수 있다. 완전한 자유 방임의 시대는 이제 완전히 지나갔다. 중앙 은행이 화폐 및 금리 정책으로 큰 영향을 미치며 개입할 수 있다는 것만 봐도 알 수 있다.

정치적인 목표를 위해서가 아니라면, 국가나 국가 기관이 대규모로 개입하는 것이 오히려 바람직하다.

물론 많은 것이 스스로 움직인다. 수요와 공급은 왔다 갔다 하다가 결국 중심을 잡는다. 경제 역사는 순환하며 흘러간다. 등락으로 인해 많은 이들이 희생자가 되고 아주 소수만 스스로를 지키게 되는데, 이는 피할 수 없는 일이다.

밀물과 썰물이 언제 올지 계산할 수는 있으나 오는 것을 막을 수는 없다. 밀물과 썰물이 올 것을 예상하고 예방책을 세울 수 있을 뿐이다. 경제에서 밀물과 썰물이 언제 오는지 아는 자들은 특히 재능 있고 똑똑한 사람들이다. 하지만 지난 수년의 경험이 보여 주듯이 이들은 항상 극히 소수이다. 사람은 이론적이지 말고 실용적이어야 한다. 이론은 종이 위에서는 옳을지 몰라도 그 시기에 지배적인 정치적, 심리적 분위기와 맞지 않기 때문에 전혀 실천할 수가 없다. 설령 무엇을 해야 할지 안다고 해도, 정말로 실행할 수 있는가 하는 문제는 또 남는다.

고전적인 통화주의자들 자신도, 취해야 할 대부분의 조치가 정치적, 사회적인 이유로 실행 불가능하다고 인정한다. 그럼에도 불구하고 자신들의 논리가 옳다고 선전한다.

간단히 말해서 자유 방임이냐 계획 경제냐, 혹은 재정주의냐 통화주의냐에 대한 최고의 대답은 프랑스 시인 알렉시 피롱(1689~1773)의 글에서 찾을 수 있다.

콜린은 애인의 매끈한 다리에 감탄했다. 한번은 오른쪽 다리를 보고 한번은 왼쪽 다리를 보았다. 그러자 그녀가 말했다. '망설이지 마. 진실은 두 다리 사이에 있어.'

5천억 달러를 빌려간 채무국이 갑자기 지불 능력이 없어지면 어떻게 되는가?

나는 이런 질문을 수도 없이 받았다. 내 대답은 항상 똑같다. 첫째 아무 일도 없다는 것, 둘째 '갑자기'라는 단어는 맞지 않는다는 것이다. 이런 나라는 이미 수년 전에 지불 능력을 상실했다. 셋째 채무국이 금리를 지급할 수 있도록 채권국이 계속 차관을 줄 것이므로 단순한 이유로 지불을 하지 않는 일은 일어나지 않는다. 채권국과 채무국의 사슬은 짧은 것도 있고 긴 것도 있다. 하지만 마지막 채권자는 항상 채권국의 중앙 은행이다(미국의 연방준비위원회, 독일 연방 은행, 영국 은행, 잉글랜드, 프랑스 은행 등). 이들은 누구에게도 빚을 지지 않는다. 그리고 모든 부채를 다 상환하도록 하기 위해 필요한 만큼 돈을 찍어낼 수 있다.

어떤 금융 기관도 자국 통화로 된 빚 때문에 지불능력이 없어지지 않는다. 중앙 은행이 뒤에 서 있기 때문이다. 나는 이를 인플레이션이라고 부른다. 왜냐하면 인플레이션의 주요 원인 중 하나는 자본주의 국가가 개발도상국과 동구에 무책임하게 빌려준 가공할 만한 양의 차관이기 때문이다. 아주 엄격한 경제 조사관이 자본주의 국가의 대차대조표를 살펴본다면, 상환 못 받는 부채가 엄청나게 많음을 알게 될 것이다. 하지만 이를 손실로 처리할 필요는 없다. 시한을 연장하면 된다.

왜 청교도처럼 정직하게 대차대조표를 만들어야 하는가? 그렇지 않아도 잘 돌아가는데 말이다.

70년대 힘든 시기에, 미국의 대규모 은행은 지불 능력이 완전히 없는 기업에게 대출을 해 줘서 파산만은 면하게 해 주었다. 회사는 더 이상 영업을 하지 않지만 사무실, 전화, 비서는 계속 유지했다. 회사는 서류상 존재했고, 아직 숨을 쉬고 있었다. 그러니 채권 은행들도 못 받은 대출을 손실로 처리할 필요는 없었다.

이런 경우는 수도 없이 많았다. 수입, 수출, 석유 산업, 어느 산업에나 있었다. 은행이 어떤 담보도 없이 부동산과 부동산 투자 회사에 빌려 주었던 대출도 수십억에 이르렀다. 조선업에서는 너무 낡아서 아무 가치도 없는 오일 탱크가 담보였다. 하지만 연방 준비 은행의 동의하에 대출은 자동 연장되었다.

이 회사들 혹은 채권 은행들이 정직한 대차대조표를 만들었더라면, 모두 법적으로는 파산이었을 것이다. 하지만 아무도 적자의 대차대조표를 만들라고 강요하지 않았다. 만들어야 할 이유도 없었다. 고통 없이 계속 해 나갈 수 있다면 그렇게 하는 것이 더 합리적이지 않은가? 증권 시장 동료들이 하는 말 중에 이런 것이 있다. "우리 모두 잘 살 수 있을 만큼 돈을 가지고 있다면, 우리 모두가 록펠러이다." 즉, 록펠러가 되지 않고도 잘 살 수 있다. 때로는 이 청교도적인 백만장자보다 더 잘 살 수도 있다.

위에 말한 채권 외에 은행들은 뉴욕 시 채권을 포트폴리오에 가지고 있었다. 이제 뉴욕시가 금리를 지불할 것인지가 의문시 되었다. 무슨 일이 일어났겠는가? 아무 일도 일어나지 않았다. 빚은 정리되었고 모든 것은 예전과 같이 계속 돌아갔다.

대차대조표, 정상 회담, 복잡한 협정, 채무의 상환 등은 눈가림이란 말인가?

뭐라고 부르든 상관 없다. 하지만 당대 최고의 프랑스인이었던 미셜 드 몽테뉴는 그 자신 도덕주의자이지만 이렇게 썼다. "전체의 복지는 거짓말과 배신을 요구한다."

약간 회의적이지만, 나도 이렇게 말하고 싶다. 자본주의 시스템 전체는 하나의 환상, 속임수이다. 하지만 아주 잘 만들어진 환상이다. 오랫동안 존재할 것이다.

크래쉬, 즉 경제 붕괴 혹은 화폐 개혁은 두려워할 만한 것인가?

한 마디로 대답하기는 어렵다. 이는 말, 말, 말뿐이기 때문이다. 그 의미가 무엇인지 완전히 이해가 가지 않는다. 크래쉬 혹은 화폐 개혁이 무슨 뜻인지 나도 알고 싶다. 둘 다 가리키는 바가 너무도 많은 단어이다.

1. 크래쉬(Crash): 이 말은 크라흐(Krach)라는 독일 단어에서 유래

된 것으로 발음 자체가 이미 무엇인가를 나타내므로 모든 언어가 그대로 차용해 쓰고 있다. 예쁜 크리스탈 꽃병이 갑자기 딱딱한 바닥에 떨어질 때 크래쉬라고 한다. 크래쉬는 3중으로 일어난다. 꽃병이 딱딱한 바닥에 떨어지는 크래쉬, 사방으로 튀는 파편이 만드는 크래쉬, 그리고 꽃병이 깨진 것을 보고 주부가 소리 지르는 크래쉬. 중요한 것은 크래쉬가 갑자기, 아주 뜻밖에 온다는 것이다. 자주 크래쉬라는 단어를 입에 올리는 그들 역시 다음과 같은 3중 크래쉬를 말하는 것인가?

1) 부실 채권을 가진 은행이 문을 닫는다.
2) 화폐의 구매력이 아주 적어진다.
3) 공장이 문을 닫고 실업자가 늘어나는 등, 경제가 완전히 붕괴한다.

실제로 이들은 은행이 부실 채권 때문에 돈이 없어서 모두 문을 닫게 된다고 생각한다. 아니면 대중이 새 화폐가 나오는 즉시 수백, 수십억을 인출해 가기 때문에 중앙 은행의 돈 찍는 속도가 이를 당해내지 못하고, 화폐량이 천문학적으로 많아져서 돈의 가치가 없어진다고 생각한다(1923년 독일에서처럼).

요컨대 크래쉬가 올 것이라는 예언 후에는 두 가지 가능성만이 존재한다. 크래쉬, 즉 붕괴 혹은 파괴적인 인플레이션. 하지만 이 둘과는 달리 진정할 수도 있다. 은행은 모든 채권을 다 상환 받지 못하더라도 문을 닫지 않는다. 이미 말했듯이 중앙 은행이 항상 뒤에 있기 때문이다. 큰 금융 기관의 이윤은 사적인 것이지만, 손실은 국가의 것이라는 이야기는 이미 오래 전부터 있어 왔다. 한편 작은 은행의 지불능력이 어려워지면, 즉각 경쟁자가 인수한다.

은행이 국가의 보증을 받고 있음을 대중이 알게 되면, 국가를 믿기 때문에 그렇게 빨리 돈을 빼내지 않을 것이다.

모든 것은 신뢰의 문제다. 신뢰가 있으면, 아무 일도 일어나지 않는다. 신뢰가 없으면 5천억의 채권이 없더라도 모든 것이 망가진다.

2. **화폐 개혁**: 나는 일생을 통해 여러 번의 화폐 개혁을 경험했다. 특히 전쟁에 진 후 유럽 화폐 개혁은 규모가 큰 것이었다. 나라는 파괴되었고 공장은 고철만 남았고 원자재를 수입할 외환이 없었다. 생산은 제로였다. 그런데 은행권은 대량으로 생산되었다. 게다가 독일은 전쟁 배상금을 물어야 했다. 화폐는 가치가 없어졌다. 당연히 새로운 화폐를 만들어야 했다. 하지만 오늘날에는 어떤가? 많은 이들이 인플레이션이 다가오고, 원자재 가격이 바닥이며, 공산품이 넘쳐 난다고 불평한다. 내가 겪은 마지막 화폐 개혁은 달러를 금으로부터 자유롭게 하고 달러와 다른 화폐 간의 환 시세를 유동적으로 하는 내용의 것이었다. 하지만 이 개혁은 전의 화폐 개혁과 비교해 중요도가

낮았다.

화폐 개혁이라는 말은 이미 말했듯이 수십 가지를 뜻할 수 있다. 나는 화폐 개혁을 말하는 사람들조차도 무슨 말인지 모르고 있다고 확신한다.

벤처 투자에 대해서는 어떻게 생각하는가?

철도, 컴퓨터, 전자, 나아가 미국의 고층빌딩, 수에즈 운하 등 현대 세계의 많은 것은 항상 벤처였다. 현대의 미국 전체가 벤처라고 할 수도 있다. 세계 최초의 주식회사로서 1670년에 설립되었으며 아직도 살아 있는 허드슨 베이 회사는 어드벤처(모험)라고 불렀다. 주주들이 모인 자리에서 의장은 아마도 "친애하는 모험가 여러분"하며 연설을 했을 것이다. 고대 로마에서도 자금을 모아 항해를 위한 벤처를 만들곤 했다.

허드슨 베이 회사가 세워진 지 300년이 지난 지금 다시 벤처라는 말이 월 스트리트와 독일을 비롯한 세계에서 아주 인기를 얻고 있다.

독일 은행이 벤처를 지원하는 것은 칭찬할 만하다. 하지만 벤처 캐피털을 모으는 과정은 그리 좋지 않다. 지난 25년 동안 금융권에는 개인 투자자의 돈을 털어가는 상어들이 들끓었다. 벤처 캐피털도 그렇게 될까 봐 두렵다. 모험 없이는 어느 나라도 발전을 할 수 없기에 이 위험은 감수해야 한다. 그러니 언론과 비평가들이 진지한 분석으로 곡식과 잡초를 가차없이 구별하는 의무를 다해야 한다.

간단히 말해서, 벤처가 혁명적인 투자를 의미한다면 "예스"이다. 하지만 주식을 팔기 위해 회사를 세우는 것이라면 "노"이다.

정부의 조세 정책은 자본 시장, 즉 증권 시장에 어떤 영향을 미치는가?

조세 정책은 물론 영향을 미친다. 하지만 의회의 승인이 있어야 하기 때문에 신용 정책과는 달리 단기적인 도구로는 쓸 수 없다. 의회가 찬반으로 나뉘어 논쟁을 하는 동안에도 인플레이션은 계속 올라간다. 세금 인상, 즉 구매력 하락으로 인플레이션을 어느 정도 막아도, 증권 시장은 거의 영향을 받지 않는다. 반면, 정부, 즉 중앙 은행이 화폐 및 신용 정책으로 개입해 금리를 인상하며 화폐량의 인플레이션을 조절할 때는, 증시가 즉각 하락하며 반응한다. 나는 이 현상을 다음과 같은 예로 설명하고 싶다.

자동차가 내리막길을 가고 있는데 멈춰야 한다. 이때 두 가지 가능성이 있다. 첫 번째, 기어를 낮추는 것은 재정 정책에 해당된다. 낮은 기어를 사용하면, 엔진, 즉 경제는 속도를 늦춘다. 두 번째는 브레이크를 이용하는 것으로, 이는 신용정책을 펴는 것에 해당한다. 엔진은 급히 식는다. 금리를 높이면 증권 시장도 이렇게 급속히 식어버린다.

그렇다면 인플레이션은 주식 시장을 하락하게 하는가?

아니다. 주가를 떨어뜨리는 것은 인플레이션이 아니라 인플레이션을 막기 위한 조치이다. 특히 그 조치가 신용 정책이라면, 주가는 더욱 떨어진다.

인플레이션을 막는 방법에는 또 어떤 방법이 있는가?

심리적인 요소밖에 없다. 국민이 정부를 신뢰하는 것.

인플레이션의 원인은 대체 무엇인가?

여러 가지 이유가 있다. 예를 들어, 상품에 대한 수요가 공급보다 많으면 가격은 올라간다. 근로자가 계속 임금 인상을 요구하면 상품의 비용이 증가하기 때문에 가격이 올라간다. 상품 가격이 오르면 다시 임금 인상이 따른다. 이를 멈추기 위해서는 아주 강한 정부가 집권해야 한다. 민주주의적인 정부는 인기 없는 법을 도입시키려 하지 않기 때문이다.

하지만 가장 위험한 인플레이션 요소는 인플레이션 기대 심리다. 심리적인 원인으로 일련의 움직임이 일어나며 인플레이션이 가속화된다. 앞서 설명한 기초적인 이유로 가격이 올라가기 시작하면, 사람들은 초조해진다. 전에 파괴적인 인플레이션을 경험한 나라는 특히 그렇다. 사람들은 인플레이션이 계속 될 것이라고 생각하고 투기에 손을 뻗친다. 투기로 인해 가격은 더욱 올라가고 이와 함께 한푼 두푼 돈을 모은 국민들의 신뢰는 땅에 떨어진다. 가장 최근의 대규모 인플레이션은 유가를 인공적으로 올려 조성된 비용 인플레이션이었다. 유가가 오르자 다른 에너지 가격이 덩달아 오르며 만들어진 것이었다.

금본위 제도로 돌아가는 것에 대해 어떻게 생각하는가?

나는 그렇게 되리라고 생각하지 않는다. 금본위 제도는 아무 의미가 없다. 그런데도 금본위 제도로 가자고 주장하는 전문가와 정치가가 꼭 있다. 그렇게 되면 무엇보다도 가격과 외환 시세가 안정되고, 실업자가 줄어들며, 세계 경제가 성장하고 생활 수준이 높아진다는 것이다. 그러면서도 이런 낙관론의 근거가 무엇인지 정확히 말하지 않는다. 배를 타고 가야 하니 폭풍과 파도가 치는데도 바다에게 조용히 하라고 한다고 해서 고요해지겠는가? 이는 어린애 같은 생각이다.

금본위 제도의 추종자는 무엇보다도 고정적인 환시세를 원한다. 하지만 이를 위해 화폐를 금에 묶을 필요는 전혀 없다. 고정 환시세는 금 없이도 합의할 수 있다. 정부가 자국의 이해에 반하는 것이라도 이미 정한 합의 사항을 지킨다는 전제 하에서 말이다. 금본위 제도나 고정 환시세는 합의의 문제일 뿐이다. 다만 어떤 정부가 자신의 정치적, 사회적, 심리적 이익에 반하는 합의를 지키겠는가? 금본위 제도로 돌아가는 것이 가능하기는 하다. 하지만 모든 참여국이 엄격한 외환 통제 경제를 도입해야 한다는 전제 하에서만 가능하다. 외환 거래가 자유롭다면 금본위 제도는 불가능할 것이다. 그런데 트렌드는 반대 방향으로 가고 있다. 이제까지 외환 통제 경제를 유지해 온 나라들도 곧 이와 이별을 하려는 상황이다.

자본의 유입은 금본위 제도가 있던 때에도 아주 컸다. 금본위 제도 아래에서 중앙 은행은 통화의 공급이 너무 큰데 금 보유고를 잃고 싶지 않을 때는, 금 가격을 올릴 수밖에 없었다. 그럼으로써 자국 통화를 사실상 절하시켰다. 반대로 통화에 대한 수요가 크게 증가했을 때, 중앙 은행은 자본 수입에 대해 스스로를 지키기 위해 화폐를 절상시켰다. 예를 들어 스위스 중앙 은행은 2차 대전 중과 2차 대전 후 한참 동안 금을 프랑켄으로 바꿔주지 않았다. 프랑켄이 노란 금속보다 인기가 훨씬 더 좋기 때문이었다.

70년대에도 비슷하다. 스위스와 독일은 자본 유입을 엄격히 통제했다. 아무도 지키지 않는 금본위 제도가 왜 필요하단 말인가? 오늘날 외환으로 갖가지 노름이 진행되고 있다. 외환 시장은 카지노가 되어버렸다. 수십 만의 소액 투자자들이 시카고의 선물거래소에 들어와 외환 게임에 끼어들었다. 이들의 공식적인 거래 금액은 하루 2천억 달러에 달한다. 수십 만 명의 에이전트, 서브 에이전트, 주부, 치과의사가 외환 투자에 몰두하고 있는데, 자유 세계에서 과연 누가 이런 히스테리를 잠재울 수 있는가?

달러는 게임꾼들의 축구공이 되어 버렸다.(투자라고 말한다면 진짜 투자를 하는 사람에게 모욕이 될 것이다.) 달러는 몇 초 내에 한쪽 골에서 다른 쪽 골로 왔다 갔다 밀리며 끊임없이 움직인다. 달러가 축구장 어느 한쪽에 붙어 있다면, 축구라는 스포츠 자체를 없애야 할 것이다. 그렇게 할 수도 있지만, 그러면 축구팬은 뭐라고 말하겠는가? 그것이 바로 외환 통제 경제일 것이다. 따라서 금본위 제도로 돌아가자는 모든 논문과 분석은 헛된 외침이다. 현실은 다르다. 이 모든 것이 영리하고 노련한 그륀을 떠오르게 한다. 그는 커피숍에서 친구들에게 배한 척분의 밀을 아주 유리하게 샀다고 말했다.

"자네, 법적으로 계약은 맺었는가?" 친구가 물었다.

"뭣하러?" 그륀이 되물었다.

그륀의 대답은 이랬다.

"밀 가격이 올라가면 어차피 나한테 밀을 안 갖다 줄 것이고, 밀 가격이 떨어지면 내가 받지 않을 테니까."

고정적인 금 가격이란 것도 바로 이와 같다.

한 나라에서 금 수요가 너무 크면, 중앙 은행은 돈을 받아도 금을 내 주지 않을 것이고, 반대로 금 공급이 너무 많으면 돈을 주더라도 금을 사지 않을 것이다.

금은 많은 투자자가 매력을 느끼는 평범한 상품일 뿐이다. 유가물이라고 주장하는 사람도 많지만, 내 눈에는 그렇지 않다. 왜냐하면 금은 수익도 없고 경제에 필요하지도 않기 때문이다.

금본위제도는 세계 경제의 이익에 반하는 것인가?

최고의 대답으로, 유명한 시인이자 노벨상 수상자인 타고르의 글을 소개하겠다.

"새의 날개를 금으로 싸라, 그러면 다시는 창공으로 날아가지 못하리라."

투자자vs게임꾼

주주란 누구인가?

앞서 말했듯이, 대중은 유동성 있는 돈을 가지고 있으면서 여러 가지 이유로 유가 증권에 돈을 넣고 싶어하는 사람들이다. 이들 중에는 돈의 규모가 작은 사람도 있고, 중간 정도인 사람도 있으며, 대규모인 사람도 있다. 이들을 자본가라고 부른다. 이들 중에는 하루 아침에 큰돈을 벌고 싶어서 여기 저기 비법을 들으러 뛰어 다니는 이들이 있다. 이들은 '게임을 한다.' 한편 경기 변동과 중기적인 시세 변동을 염두에 두고 유가 증권을 교환하는 사람들이 있다. 이들은 '투자를 한다.

'나는 '게임'이 아니라 '투자'를 강조한다. 투자는 금리 변동, 정부의 경제 및 화폐 정책, 기술적 요인 등 다양한 요소를 고려하는 것이다.

게임과 투자는 무엇이 다른가?

게임꾼은 마음 속 깊은 동기가 없고, 오늘 내일 사이, 혹은 최대한으로 잡아도 며칠이나 몇 주 내에 빨리 돈을 벌려고 하는 사람들이다. 이들은 아주 단기적으로 사고하고 행동한다. 이들은 항간에 떠도는 비법을 좇아 다니고, 조그만 수익으로 만족해 하며, 시세 상승의 기회를 고려하지 않고, 카지노의 이쪽 테이블에서 저쪽 테이블로 왔다 갔다 하며 몇 푼 따려고 방황하는 노름꾼 같이 행동한다. 이들은 이성적이 아니라 감정적으로 행동한다.

게임꾼은 대중과 함께 몰려다닌다. 이들 스스로가 대중의 일부분이기 때문에 현재의 지배적인 분위기에서 벗어나지 못한다. 옆 사람이 사면 자기도 사고, 옆 사람이 팔면 자기도 판다. 이런 사람들이 주식 대중의 90%를 차지한다. 이들 대중의 심리적 반응은 투자자의 사고와는 완전히 다르다.

대중의 심리적 반응을 분석하는 것은 대중 심리학 전문가가 할 일이지 경제학자가 할 일은 아니다. 백 명의 지적인 사람을 한 공간에 모아 놓으면, 이들은 지적으로가 아니라 비합리적으로 반응한다. 누군가 어두운 극장에서 "불이야!"하고 소리치면 갑자기 아수라장이 된다. 성냥개비 하나 켜지 않았는데도, 아수라장 속에서 부상자가 나오고 심지어는 깔려 죽는 사람도 생긴다. 똑같은 일이 주식 시장에도 일어나고 있다. 열정적인 주식 게임꾼이기도 했던 물리학자 아이작 뉴튼은 주식으로 전 재산을 잃고 난 후 이렇게 말했다. "천체 운동은 센티미터와 초 단위로 측량할 수 있으나 정신 나간 군중이 시세를 어떻게 끌고 갈지는 정말 알 수 없다." 이는 대중 심리적 현상을 가장 잘 표현한 말이라 할 수 있다.

투자자가 지적으로 행동한다는 것은 무슨 의미인가?

지적으로 행동한다는 것은 생각을 한다는 것이고 감정적이지 않다는 뜻이다. 이때 지적이라는 것이 반드시 지능적이라는 뜻은 아니다. 생각은 지능적이지 않을 수도 있고 틀릴 수도 있다. 하지만 투자자는 무엇이 옳고 그른지에 대해 자신의 생각, 자신의 아이디어와 방향을 가지고 있어야 하며, 대중에 휩쓸려 감정적으로 행동하지 않아야 한다.

이들은 대부분 중장기적으로 보며, 논리를 가지고 행동한다. 논리는 틀릴 수도 있지만, 논리가 아주 없는 것과는 다르다. 이들은 어떤 뉴스나 사건에 대해 순전히 심리적으로 반응하는 짓은 하지 않는다.

그것이 차이점의 전부인가?

아니다. 이미 말했듯이 게임꾼들은 단기적으로, 작은 이익을 보고 행동한다. 그에 반해 투자자는 큰 시세 변동을 염두에 두고 중장기적으로, 어떤 때는 몇 년을 보고 투자하며 자신의 생각이 옳았음이 입증되기를 기다린다. 투자자는 시세를 객관적으로 바라본다. 즉, 자신이 수익을 올렸는지 잃었는지에 상관없이 시세를 관찰한다. 왜냐하면 주가 시세란 개인의 상황과는 상관없는 것이기 때문이다. 투자자도 물론 잘못 생각하거나 가정이 틀릴 수도 있다.

게임꾼과 투자자 중 누가 더 성공적이었나?

의심할 여지 없이 투자자가 월등히 성공적이었다. 주식 시장에 참여하는 사람들의 90%가 크고 작은 게임꾼들이다. 하지만 이들의 성공은 손에 꼽을 정도이다. 첫째, 게임꾼들은 대중의 일치에 반해서 행동하지 못하기 때문이다. 훌륭한 투자자는 자신의 논리에 확신이 있을 때는 대중의 지배적인 생각과 반해 행동한다. 모든 투자자가 항상 일반의 생각에 반해 행동한다는 것은 아니다. 왜냐하면 투자자 중에도 그럴 수 있는 능력이 있는 사람은 극히 소수이기 때문이다. 최대한으로 잡는다 해도 시장 참여자들 중 10%만이 그런 능력을 가지고 있다. 대중의 지배적인 의견에 동의하지 않고 자신의 길을 간다는 것은 정말 어려운 일이다.

자신은 그렇게 할 수 있나?

그렇다. 하지만 그렇게 되기까지는 쉽지 않았다. 수년간의 경험 후에야 비로소 나 자신의 이론과 원칙을 가지게 되었다. 하지만 이론과 원칙을 실천에 옮기는 것은 더더욱 어렵다.

이론과 원칙이 있는데도 어렵다면 왜 그런가?

아주 간단하다. 다른 사람들이 파니까 나는 사야겠다고 생각할 때, 다른 사람들이 사니까 나는 팔아야겠다고 생각할 때, 나는 대중과 반대로 행동해야 한다는 내 이론이 맞기는 하지만 혹시 이번에는 다르지 않을까 하고 의심했다. 나중에서야 이번에도 역시 다르지 않고 내 이론에 따라 예상한 것이 옳다는 것을 깨달았다. 오랫동안의 훈련과 비싼 수업료를 치르고 오늘날 나는 유행과 반대로 행동할 수 있게 되었다. 다른 책들에서 이에 관한 일화를 몇 번 소개한 적이 있다. 나는 피카소의 그림을 가장 좋은 예라고 하며 즐겨 인용한다. 피카소의 그림은 눈이 코 밑에 그려져 있는데도 몇 백만 마르크의 가치가 있다. 요컨대 주식 시장에서는 순응하는 사람이 되지 말아야 할 뿐만 아니라 나아가 순응에 반대하는 사람이 되어야 한다. 왜냐하면 주식 시장의 일반적인 의견이란 단돈 1원의 가치도 없는 것이기 때문이다.

순응하지 않는 사람이 되려면 어떻게 해야 하는가?

"너희들은 모두 바보야, 나만 뭔가 알고 있어. 어쨌든 최소한 내가 더 잘 아는 사람이야"라고 말할 수 있으려면 의심을 하고 회의적이 되고 또 약간 공상도 할 줄 알아야 한다. 자기 생각이 확고한 투자자는 은행, 언론, 투자 상담사는 커녕 친아버지도 믿지 말아야 한다. 특히 상담사는 주의해야 한다. 이들은 주식 시장 전체를 수수료 기계로 바라본다. 상담사라고 해서 혼자 생각하고 뉴스를 보는 다른 사람보다 더 많이 아는 것은 아니다. 상담사들은 그에 대해 생각할 시간이 없다. 이들은 거래량을 늘리고 수수료를 챙기는 것만 생각한다.

그들은 말로 또는 글로 조언을 해대지만 일반 투자자보다 많이 아는 것은 아니다. 나는 이들을 생각하면 항상 베르디의 오페라, 〈가면무도회〉에 나오는 노래 중 '오스카는 알지만 말하지 않는다'라는 구절이 떠오른다. 나는 상담사들이 정확히 그 반대라고 생각한다. '그들은 말하지만 알지 못한다.'

벌써 오래 전부터 나는 이런 말을 하고 다녔다. "상담사는 자신도 모르게 고객의 적이 된다." 사든 팔든 그들에게는 아무 관심이 없다. 중요한 것은 거래 자체를 한다는 것이다. 상담사들이 가장 좋아하는 고객은 장기 투자자가 아니라 게임꾼들이다. 상담사는 게임꾼을 좋아하지만, 게임꾼에게 자신의 딸을 아내 삼으라고 주지는 않을 것이다. 하지만 이 모든 것에도 불구하고 우리는 상담사 없이는 거래를 할 수 없다. 그러니 제대로 된 상담사를 선택해야 한다.

나는 한 가지 예를 꼭 들고 싶다. X라는 큰 증권사가 가장 큰 고객, 즉 몇 백만 마르크를 투자하는 펀드로부터 전화를 받았다. 이 펀드는 US 철강의 주를 대량으로 팔고 대신 대량의 베들레헴 철강 주를 사고 싶어서 증권사에 이 주문을 이행해 달라고 의뢰했다. 전화를 받은 증권사는 바로 수천 명의 고객들에게 전보를 보내 US 철강의 주식을 사고 베들레헴의 주식을 팔라고 권했다. 이는 대형 펀드가 의뢰한 것과 정확히 반대되는 것이었다. 즉, 다수의 작은 고객들에게는 피해가

가더라도 큰 고객에게 유리한 정세를 만드는 쪽으로 갔던 것이다. 아마 이 권고가 작은 고객들에게 오히려 유리한 것이었는지도 모른다. 펀드도 잘못 생각할 수 있기 때문이다. US 철강과 베들레헴 철강을 바꾸는 것은 현명한 판단이 아니었을 수도 있다. 어쨌든 윤리적인 면에서 보아 상담사들의 행동은 비난 받아 마땅한 것이다.

훌륭한 투자자가 갖춰야 할 점은 무엇인가?

예리함, 직관, 상상력.

예리함은 사건의 연관관계를 이해하고 논리적인 것과 비논리적인 것을 구별할 줄 아는 능력이다.

직관이라 함은 오랫동안의 주식투자와 삶의 경험에서 우러나오는 무의식적인 논리력과 다르지 않다.

상상력은 좋은 것이든 나쁜 것이든 있을 수 있는 모든 것을 생각해보는 능력이다.

이와 더불어 절제력이 있어야 하고, 자신이 잘못 생각했다는 것을 인정할 수 있는 융통성이 있어야 한다. 물론 자신이 생각한 것이 틀린 것으로 판명되었을 때 즉시 방향 전환을 할 수 있어야 한다.

또한 훌륭한 투자자는 자신의 상상이 현실로 될 때까지 기다릴 수 있는 인내심을 가지고 있어야 한다. 성공하거나 실패할 때마다 어떤 사건 때문에 그런 결과가 왔는지 생각해 볼 줄도 알아야 한다. 성공할 때는 자만하지 말고 운도 좋았다고 스스로에게 말하라. 하지만 옛 주식 투자자들이 말하듯이 주식으로 번 돈은 다음에 높은 이자와 함께 돌려줘야 하는 빌린 돈에 불과하다. 주식 시장은 거대한 고리 대금업자이다. 주식 시장은 커다란 덤불 숲이다. 성공하든 실패하든 투자자는 성공과 실패에서 모두 배워야 한다.

투자자는 어떤 직업에 가장 가까울까?

가장 가까운 것은 의사이고, 변호사, 정치가, 영업자와도 비슷한 점이 있다. 엔지니어, 경제학자, 경영학자와는 비슷한 점이 없다.

어떤 점에서 투자자가 의사라는 직업과 비슷한가?

투자자와 의사, 둘 다 먼저 진단을 한다. 왜 주식 시장이 강세인가, 혹은 약세인가? 어떤 주식이 왜 떨어질까, 혹은 그대로일까? 그 진단으로부터 치료 방법을 비롯한 모든 것을 끌어낸다. 의사와 마찬가지로 투자자도 자신의 결정이 잘못된 방향으로 가고 있음을 알아채면 방법을 고치고 새로운 해결책을 찾는다. 의학도 투자도 과학이 아니라, 일종의 기술이다.

엔지니어나 경제학자의 사고 과정은 의사와 정반대로서, 완전히 수학적이다. 엔지니어는 어떤 경우에도 직관의 영향을 받아서는 안 된다. 하지만 투자자에게는 직관이 필수 불가결한 것이다. 투자자는 상상을 하는 반면, 엔지니어는 계산을 한다. 변호사는 약간 다르다. 변호사는 상상력과 직관이 있어야 하지만, 정해진 법의 테두리 안에서만 허용될 뿐이다.

투자에 나쁜 성격이라면 어떤 것일까?

실패에서 배움을 끌어내는 융통성이 좋은 성격인데 반해, 고집스러움은 가장 나쁜 성격이다. 물론 확신은 가져야 하지만, 자신의 잘못을 발견했으면 곧장 거기서 나와야 한다. 잘못이라 함은 100에 산 주식이 90이 되는 것이 아니라, 자신의 논리를 만드는 과정에서 실수를 했거나 전혀 뜻하지 않은 사건이 일어났음을 깨닫게 된 것을 말한다. 그렇기 때문에 훌륭한 투자자는 예측할 수 없는 일이 일어날 수 있음을 계산에 넣어야 한다.

주식 투자는 어떤 놀이와 가장 비슷할까?

두말 할 나위 없이 포커, 브리지 등의 카드놀이와 가장 비슷하다. 체스나 룰렛과는 비슷한 점이 없다.

카드 게임을 할 때 주어지는 카드에 적응해 게임을 하듯이, 투자자는 끊임없이 변화하는 상황에 적응해야 한다. 주어진 카드가 좋을 때도 있고 나쁠 때도 있듯이, 투자자에게 좋은 사건이 일어날 수도 있고 나쁜 사건이 일어날 수도 있다. 하지만 카드 게임의 베테랑이 좋은 카드로 많이 벌고 나쁜 카드로 조금 잃듯이, 훌륭한 투자자도 자신에게 좋은 사건이 생기면 많이 벌고 나쁜 사건이 생기면 가능한 한 적게 잃는다.

체스는 상대가 있는 게임이다. 운과는 아무 관계가 없다. 그에 반해 룰렛은 계산이라고는 전혀 개입되지 않는 행운 게임이다. 룰렛 중독자들만 어떤 시스템을 찾아낼 수 있다고 착각한다. 주식투자는 운과 전략 두 가지가 섞여 있다. 어떤 사건이 자신에게 좋은지 나쁜지는 운과 관련이 있고, 체스를 둘 때의 계산과 전략도 필요하다.

투자자는 어떻게 행동해야 할까?

투자는 끊임없이 득과 실을 생각하며 될 수 있으면 올바른 결론(나는 '될 수 있으면'이라고 말하지 '확실히'라고 하지는 않는다)을 도출하고자 하는, 일종의 철학 행위다. 수학적 머리 역시 주식투자에 적합한데, 이는 주식 시장이 수학에 기초하고 있기 때문이 아니라 수학이 논리적 사고를 기르게 해 주기 때문이다. 경제학, 경영학, 공학의 논리는 주식 시장의 논리와 정반대이다. 주식 시장의 논리는 일상의 논리와 다르기 때문이다. 주식 시장에서 논리적인 것이 보통 사람에게는 비논리적으로 보이는 일이 비일비재하다.

경영학자는 기업을 분석하는 데, 즉 재무제표를 분석하는 데 일정한 역할을 한다. 하지만 재무제표는 틀리거나 위조되는 경우가 많고 최소한 분식회계는 기본이다. 또 재무제표가 정직하고 바르다고 해도 이것은 이미 과거의 정보이다. 시세가 올라가고 내려가는 것은 주식이 좋거나 나빠서가 아니라 어떤 가정 하에 좋거나 나쁘게 될 가능성이 있기 때문이다. 재무제표가 나빠도 좋은 방향으로 발전할 수 있다고 생각되면 그 회사의 주식을 사야 한다. 일상의 논리에 따라 생각하는 사람이라면 누가 부도 직전의 주식을 사겠는가? 하지만, 부도가 났다가 회생할 조짐이 있는 기업의 주식을 샀을 때 가장 많은 이익을 얻을 수 있다. 어떤 기업이 망해가다가 회생했을 때 그 차이는 보통으로 하다가 더 잘 했을 때의 차이보다 더욱 크게 마련이며 이는 주식에서도 마찬가지다. 거의 망해가던 기업이 망하지 않고 다시 일어서면 그 기업의 주가는 몇 배로 오른다. 반면 건실한 기업이 몇 년 후 더 좋게 되었을 때는 그것이 주가에 그렇게 많이 반영되지 않는다.

긴급 채권을 샀다가 회사가 기사회생해서 지불능력을 갖추게 되면, 큰 돈을 벌 수 있다. 가장 좋은 예를 하나 들어보겠다. 독일은 전쟁 전에 달러, 파운드, 스위스 프랑, 네덜란드 굴덴, 프랑스 프랑 등 여러 가지 통화로 채권을 발행했는데, 이것을 1952~1953년 런던 채무 조약에 따라 원금 100%에 5년 간의 금리를 합쳐 지불하게 되었다. 심지어 프랑스 프랑으로 발행된 프랑스의 영 채권은 아데나워 정부가 달러로 지불하기도 했다. 내가 1947년 파리 증권 시장에서 250 프랑을 주고 산, 명목 가격 1,000프랑짜리의 채권이 채무 조약 3년 후 3만 5천 프랑이 되어 되돌아 왔다. 이것이 내가 증권 시장에 발을 들여 놓은 후 가장 많은 수익률을 본 경우다.

신생 독일 연방 공화국이 침체에 빠져 있으며 달러나 프랑으로 발행한 채권을 다시 사들일 외환 보유고도 없던 당시, 용기를 내서 채권을 사려면 풍부한 상상력이 있어야 하고 미래를 내다볼 줄 알아야 했다. 내가 그 채권을 샀을 때, 독일이 채권에 대한 의무를 다하리라는 기대는 아주 적었다. 하지만 그것이 바로 증권 시장이며, 투자란 몇 년을 내다보는 것이다.

‘소신파 투자자’는 누구이고 ‘부화뇌동파투자자’는 누구인가?

이는 내가 만들어낸 개념으로, 이해하지 못하는 사람도 많겠지만, 나는 이 분류가 맞다고 생각한다. ‘소신파 투자자’는 4G(Gedanken, Geduld, Geld, Glueck: 생각, 인내, 돈, 행운)를 가지고 있는 사람이다.

생각이란, 투자자는 아이디어와 확신이 있어야 한다는 뜻이다. 또한 투자자는 인내심이 있어야 한다. 100을 주고 산 주식이 80으로 떨어졌거나 주식을 보유하는 것이 너무 지루할 때 금방 팔아버리지 않을 수 있는 인내가 있어야 한다. 주식을 살 때는 주가가 더 올라갈 것이라고 생각해서 산 것이다. 주가가 떨어졌더라도 자신이 판단해서 근본적인 이유에서가 아니라면, 80일 때 팔기는커녕 추가로 매입을 해야 한다. 100을 매수하기에 적당한 가격으로 보았다면, 80은 더욱 유리한 가격이 아닌가.

인내를 갖고 상황을 견뎌내기 위해서는 돈 또한 충분히 있어야 한다. 이때 돈이란 절대적으로 큰 금액을 의미하는 것이 아니라 상대적으로 충분한 금액을 의미한다. 소액 투자자가 1만 마르크를 가지고 있는데 그 중 6천 마르크로 주식을 샀다면 그는 돈이 있는 것이다. 하지만 백만장자가 천만 마르크를 가지고 있는데, 2천만 마르크를 신용으로 빚내어 3천만 마르크 어치의 주식을 샀다면 인내를 가지고 견딜

만한 돈이 없는 것이다. 그는 주가가 조금만 떨어져도 돈을 채워 넣어야 하고 그렇게 할 수 없으면 은행이나 브로커 등 그에게 돈을 빌려준 사람은 주식을 팔고 만다. 자신은 인내심이 충분하더라도 말이다. 돈이 넉넉히 있는 소액 투자자의 경우, 이런 일은 생기지 않는다.

'부화뇌동 투자자'는 3개의 G, 즉 생각, 인내심, 돈이 없는 사람이다. 돈이 없으면 아무리 인내심이 많아도 소용 없다. 하지만 돈은 있으되 스스로의 생각과 확신이 없다면 인내심은 생기지 않는다. 돈과 확신은 있으되, 인내심이 없다면 상황을 견뎌낼 수가 없다.

물론 '소신파'와 '부화뇌동파' 사이에는 겹치는 부분이 있다. 소신도 조금 있고, 부화뇌동도 더러 하는 사람들 말이다. 소신파가 조금씩 부화뇌동파로 변할 수도 있다. 하지만 부화뇌동파가 소신파가 되는 일은 아주 드물다. 이렇게 되려면 아주 긴 트레이닝 기간을 거쳐야만 한다.

주식의 대부분이 소신파의 손에 있을 때, 나는 이를 '과매도 시장'이라고 부른다. 반대로 주식의 대부분이 부화뇌동파의 손에 있으며 심지어 신용으로 산 주식이 많을 때, 이를 '과매수 시장'이라고 부른다.

'과매수 시장'의 결과는 무엇인가?

신용으로 주식을 사는 과매수 시장은 매우 위험하다. 과매수 상태가 되면 이렇다 할 계기가 없어도 시장이 붕괴될 수 있다. 분위기 하나에 이끌려 기차가 영영 떠나기 전에 서둘러 올라탄 수많은 무경험의 부화뇌동파 투자자들은, 닭을 사서 달걀을 팔아 돈을 벌어야겠다는 생각을 하며 걷다가 우유를 쏟아버린 소녀와 같다. 경험과 인내심이 없는 것은 말할 것도 없고, 이들은 돈도 주식을 살 만큼 많지 않다. 아마도 다른 목적을 위해 남겨 둔 돈으로 주식을 샀거나 신용으로 주식을 샀을 것이다.

'과매도 시장'의 결과는 무엇인가?

주식의 대부분이 소신파 투자자들의 손에 있는 과매도 시장에서는 나쁜 뉴스에도 주가가 올라갈 수 있다. 좋은 뉴스가 나오면, 주가는 급등한다. 소신파 투자자의 손에 있는 주식이 많으면 많을수록, 급등의 폭발은 거세다.

많은 공매도 투자자가 활동하고 있고 이전에 대규모의 공매도가 있었다면 과매도 시장은 더욱 더 과매도 상태가 된다.

시장이 과매수 상태인지, 과매도 상태인지 어떻게 알 수 있나?

징후와 전주곡이 있다. 지난 몇 달 혹은 몇 년간 거래량이 어떻게 전개되었는지를 살펴 본다. 몇 달 전부터 주가가 올라가고 거래량도 계속 증가한다면, 많은 수의 주식이 소신파의 손에서 부화뇌동파의 손을 옮겨갔음을 추론해 볼 수 있다. 거래량이 많으면 많을수록 그렇다. 주가가 올라갈 때 주식을 사는 사람은 부화뇌동파뿐이다. 이 때 소신파는 주가가 떨어졌을 때 샀던 주식을 내다 판다. 이런 움직임은 일정 기간 계속된다. 주식의 대부분을 손에 쥔 부화뇌동파는 또 다른 부화뇌동파 투자자가 그 주식을 사기를 기다린다. 소신파는 현금을 쥐고 있으면서 부화뇌동파가 주식을 팔 때까지 기다린다. 부화뇌동파는 주식을 높은 가격에 팔고 싶지만, 심리적 이유나 기술적 이유 혹은 새로운 부화뇌동파가 들어오지 않자 인내심이 없어지는 등의 이유로 여의치 않을 때는 산 가격보다 낮은 가격으로도 판다. 이런 일은 항상 일어난다. 흥분이 가라앉은 다음, 정신을 차리게 되기 때문이다.

물론 새로운 매수자가 나타날 수도 있다. 특히 정부가 중앙 은행을 동원해 조세 및 대출 정책 등 여러 가지 방법으로 계속 돈을 만들어 내 산업과 경제가 필요로 하는 것보다 많은 돈이 시중에 흘러다닐 때 그렇다. 말하자면 큰 대야에서 작은 대야로 떨어지는 물이 점점 많아지는 것이다. 여기에다 대규모 금융기관은 모든 광고 매체를 이용해 대중이 주식 중독이 되도록 한다. 은행 창구에서는 주식을 사라고 강력히 권하고 주식을 사는 데 필요한 돈을 싸게 대출해 준다. 은행이 스스로 가지고 있는 돈을 달리 이용할 방법이 없을 때는 더욱 더 그렇다.

새로운 부화뇌동파는 주식을 산 후, 또 다른 부화뇌동파가 나타날 때까지 기다린다. 하지만 그렇게 되지 않는 시점이 온다. 주가가 보합이거나 조금 떨어진다. 많은 주식 보유자들은 인내심을 잃어버린다. 갑작스럽고 놀라운 일인 것이다. 그들이 주식을 샀을 때는 누군가의 말에 따라 주가가 틀림없이 올라가리라고 생각했다. 주가가 보합이거나 심지어 떨어지면, 이들은 이를 개인적인 모욕이나 배신으로 간주한다. 주식 붐을 연출한 대중의 90%는 손실을 입을 것에 대비해 훈련을 한 적이 없다. 그리고 언론 및 소위 말하는 전문가들의 의견과는 반대로 주가가 떨어진다는 것은 이들에게 상상도 할 수 없는 일이다. 이것이 '과매수' 시장의 결과이다.

하지만 증권 시장에 유리한 사건이 일어나서 대중이 계속 낙관적이면 어떻게 될까?

이 경우에도 주가에 영향을 미치는 다른 중요한 기술적 이유들이 있다. 주가가 조금 떨어지면 신용으로 주식을 산 사람은 마이너스 계좌가 된다. 은행은 계좌에 잔고를 채우라고 압력을 가한다. 그러면 많은 사람들이 새로운 돈을 집어 넣거나 주식을 팔아야 한다. 주식을 팔면 주가는 또 떨어지고 주가가 떨어지면 또 주식을 파는 과정이 반복된다. 이렇게 해서 어떤 객관적인 이유도 없이 오로지 심리적, 기술적 압력 때문에 주가가 떨어지는 일이 일어날 수 있다.

또한 중앙은행이 주식 시장이 과열되었다고 판단하고 이를 저지하거나 인플레이션의 위험을 예방하기 위해 금리를 올려서 주가가 떨어질 수도 있다. 이 경우 주가는 급락할 수도 있다.

대중의 심리적 반응은 가장 위험한 것이다. 앞서 극장의 예를 들어 설명한 것처럼 말이다. 거래량이 증가하는 가운데 주가가 계속 떨어지면 거래량은 더욱 팽창한다. 주식은 계속 부화뇌동파의 손에서 소신파의 손으로 넘어간다. 결국 최저가에서 부화뇌동파는 투매를 하고 손을 턴다. 주식은 다시 소신파의 손에 있게 된다. 나중에 주가가 오르기 시작하면 소신파의 수중에 있던 주식이 다시 나오게 된다. 그러면 상승 국면이 다시 시작되는 것이다.

주가가 바닥에 있을 때 소신파는 주식을 가지고 있고 부화뇌동파는 돈을 가지고 있다. 주가가 최고점에 있을 때 소신파는 돈을 가지고 있고 부화뇌동파는 주식을 가지고 있다. 현금과 주식 사이의 이런 움직임은 증권 시장에서 영원히 계속된다. 나는 최고점에서 소신파는 돈을 가지고 있고 부화뇌동파는 희망을 가지고 있다고 말하곤 한다.

이 분석으로부터 어떤 결론을 이끌어낼 수 있는가?

나는 정말 자신 있게 말할 수 있다. 거래량이 적은 가운데 주가가 떨어지면 이는 나쁜 신호다. 왜냐하면 주가가 계속 떨어지리라는 조짐이기 때문이다. 거래량이 많은 가운데 주가가 떨어지면 이는 좋은 신호다. 거래량이 많으면 많을수록 주식은 소신파의 손으로 들어간다는 뜻이기 때문이다. 거래량도 많고 주가도 올라가는 것은 나쁜 신호다. 부화뇌동파가 주식을 산다는 뜻이기 때문이다. 거래량이 많으면 많을수록 시장에는 부정적이다. 부화뇌동파가 시장에 참여할수록 시장은 나빠지기 때문이다. 주가가 올라가고 거래량이 적으면 적을수록 좋은 신호다. 주가는 올라가지만 대다수 주식은 아직 소신파의 손에 있기 때문이다.

대부분의 주식 전문가, 분석가, 브로커들은 거래량이 적으면 그 주식에 별로 의미를 두지 않는다. 하지만 내 생각으로는 이는 완전히 잘못된 것이다. 거래량이 적은 것은 이후 다가올 일의 서곡이다. 거래량이 많아지면 그 다음은 본격적인 움직임이 시작된다. 주가가 올라가고 있는데 거래량이 많아지면 붐이 찾아오고, 주가가 떨어지고 있는데 거래량이 많아지면 처음에는 시세가 떨어지다가 나중에는 완전한 투매 현상이 일어난다. 이는 아주 논리적인 일이다. 시세가 급등할 때 갑자기 나타난 많은 매수자는, 어떤 이유로 시장이 기울어지면 또 갑자기 매도자가 된다. 오늘의 매수자가 며칠 후의 매도자가 되기 때문에, 오늘 매수자의 질을 분석하는 것이 주식의 질을 분석하는 것보다 더 중요하다.

또 반대로 매도자의 질을 분석하는 것이 매도 가치를 분석하는 것보다 중요한다. 주식이 질이 나쁜 보유자의 손에 있으면, 최고의 주식도 주가가 떨어질 수 있기 때문이다.

이것은 일반적인 의견인가?

아니다. 정 반대다. 대부분의 상담사, 은행, 언론은 거래량이 많은 가운데 가격이 올라가면 좋다고 한다. 그 증거로 많은 대중이 주식을 산다는 것이다. 하지만 나는 그것이 정말 좋은 일이냐고 묻고 싶다.

대답은 '노'이다. 방금 설명했듯이 오늘 앞을 다투어 주식을 샀던 바로 그 대중이 나중에는 앞을 다투어 주식을 판다. 장기적으로 대중의 판단이 옳았던 예는 극히 드물다.

브로커는 이런 분석을 어떻게 생각하는가?

잘 모르겠다. 아마도 내가 미쳤다고 생각할 것이다. 물론 주가가 올라가면 새로운 고객을 많이 끌어들일 수 있으니 브로커에게는 좋은 일이다. 그리고 나에게도 당분간 좋다. 매수세가 많이 들어오면서 내가 가진 주식의 가격도 올려 놓기 때문이다. 하지만 그렇다고 내가 높게 형성된 이 가격에 주식을 사야 한다는 뜻은 아니다. 나는 이미 낮은 가격에 주식을 사지 않았는가? 내가 주식을 팔려고 하는데 거래량이 많아지면서 주가가 올라간다면 좋은 일이다. 주가가 높아진 것은 많은 대중이 주식을 샀기 때문에 일어난 일이다. 오늘의 관심이 크다고 해도 이는 아무 의미가 없다. 대중의 심리는 이미 말했듯이 1초 후에 어떻게 바뀔 지 알 수 없기 때문이다.

다음에 뉴욕의 브로커와 한 얘기를 소개하겠다. 나는 그에게 오늘 시장이 어땠느냐고 물었다.

그가 말했다. "좋습니다. 오늘 거래량이 1억 8천만이었습니다."

내가 말했다. “거래량을 물은 것이 아니라 주가가 어떠했느냐고 물었습니다.”

“아, 그렇습니까. 주가는 크게 변동이 없군요.”

“당신들에게는 거래량이 중요하겠죠.” 나는 화가 났다. 그리고 이렇게 말했다.

“거래량이 적고 주가가 올라가야 나한테는 좋은 겁니다.”

나는 이미 오래 전에 대부분의 브로커들과 같은 주파수에서 생각을 교환할 수 없음을 깨달았다.

시장이 '과매수'나 '과매도' 되었다는 다른 징후가 또 있는가?

그렇다. 오랫동안 상승이 계속되다가 정체된 후 새로운 구매자를 기다리고 좋은 뉴스에도 더 이상 반응하지 않거나 심지어 주가가 떨어진다면, 이는 아주 나쁜 신호다. 시장이 포화 상태에 이른 것이다. 부화뇌동파는 있는 재산을 모두 주식에 투자했거나 심지어 돈을 빌려서 주식을 샀는데 좋은 뉴스가 있어도 새로운 구매자는 나타나지 않는다. 반대로 오랫동안 하락을 하다가 정체된 후 나쁜 소식에도 더 이상 나빠지지 않거나 심지어 주가가 오른다면 이는 아주 좋은 신호이다. 이때, 주식은 대부분 소신파의 손에 있다. 소신파는 나쁜 뉴스가 있을지 모른다는 것을 이미 계산하고 있으므로 나쁜 뉴스가 닥쳐도 놀라지 않는다.

그런 경우 투자자는 어떻게 해야 하는가?

주식 시장이 좋은 소식에 더 이상 반응하지 않으면 시장에서 나와라. 그리고 나쁜 소식이 아무 영향도 끼치지 않는다면 시장에 들어가라.

특히 나쁜 신호는 보통 사람들이 추천 종목을 쫓아다니고 주식을 일상의 화제로 삼으며 친구에게서 이런 저런 종목을 들었다며 떠들고 다니는 것이다. 모두 자기가 받을 수 있는 한도 내에서 대출을 받아 주식을 산다. 또 외국인들이 많이 산다면서 증권 시장이 좋다고 설명하는 것도 나쁜 신호다. '외국인의 매수,' 혹은 '외국인, 기관 투자자들이 산다'는 그 오래된 마법의 말의 정체를 나는 알고 있다.

외국인 투자자가 사면 좋지 않은가?

외국인들이 살 때는 물론 좋다. 주가가 올라가기 때문이다. 하지만 그들이 주식을 팔 때는 바로 그만큼 불리하다. 매수할 때 '병목 현상'이 나타나는 것처럼, 매도할 때도 '병목 현상'이 나타난다. 모든 것은 외국인 매수자들의 질이 어떤지 어떤 미덕을 지녔으며 어떤 실수를 하는지에 달렸다. 이들 중에도 똑같이 소신파와 부화뇌동파가 있다. 심지어 부화뇌동파가 더 많을 수도 있다.

외국인 기관 투자자를 포함해 외국인 투자자의 동기는 빠른 시간에 이익을 보는 것이고, 이 점에서 국내 투자자보다 더 단기적이기도 하다. 외국의 투자 기금도 마찬가지다. 외국인들은 조그만 기회를 보고 시장에 들어온다. 그리고 다른 나라를 담당하는 머니 매니저들의 압력을 받고 들어오기도 한다. 하지만 위험이 보이거나 이미 이익을 챙긴 후에는 또 그만큼 빨리 나가 버린다. 모두 같은 시간에 사고, 같은 시간에 팔고 싶어 한다.

기관 투자자, 대규모 투자 회사, 연금(특히 미국의 연금), 보험회사는 주식 시장에서 어떤 역할을 하는가? 이들이 시장을 지배하게 되면서 시장의 지형이 아주 달라지지 않았는가? 이제는 큰손이나, 단기 데이 트레이더, 대규모 혹은 소규모의 개인 투자자가 시장을 지배하지 않게 된 것 아닌가?

지형은 달라졌지만, 지형을 이루는 나무, 식물, 꽃은 모두 전과 같다. 기관 투자자, 대규모 자본 집중 역시 사람에 의해 운영된다. 이들 머니 매니저 역시 소규모 개인 투자자나 대규모 개인 투자자와 마찬가지로 사람이다. 이들 역시 비슷한 반응을 하고, 또 소신파와 부화뇌동파로 나눌 수 있다. 머니 매니저의 심리 역시 다른 수백만의 시장참여자와 같다. 차이점이라면 머니 매니저들은 수천만 마르크의 돈으로 사고 팔며, 개인 투자자는 적은 금액으로 투자한다는 것이다. 머니 매니저들은 자신이 사고 판 것에 대해 상사에게 보고하고 책임을 져야 하며 큰 손실을 입었을 경우 금방 목이 달아나기 때문에 더욱 더 부화뇌동이 될 수 있다. 반면, 개인 투자자는 자기 자신에 대해서만 책임을 지면 된다.

신용으로 주식을 사도 될까?

자신이 대출을 받는 그 액수보다 더 많은 재산을 가지고 있는 사람만 신용으로 주식을 사도 된다. 나는 무모한 노름꾼이 아니라면 어떤 경우라도 신용으로 주식을 사지 말라는 입장이다. 물론 비율과 주식의 질이 어떤가에 따라 다르다. 십만 마르크의 확정 금리 증권을 샀고, 이를 담보로 2만 마르크 대출을 받았다면 이는 큰 문제가 되지 않는다. 혹은 30만 마르크 증권을 사면서 20만 마르크 빚을 졌는데, 동시에 1백만 마르크 어치의 부동산을 소유하고 있다면 이것도 죄가 되지 않는다. 각 경우를 따져가며 살펴봐야 한다.

주식을 신용으로 사는 것이 얼마나 위험하고 해가 되며 극단적인 결과를 초래할 수 있는지, 그리고 빚을 지지 않은 투자자의 힘이 얼마나 센지 내가 겪은 많은 경험 중 두 가지만 예를 들어 설명하겠다.

50년대 중반 뉴욕 증시는 상승 무드를 타고 있었다. 특히 전자 산업 같은 새로운 혁명적 산업의 등장은 환상적이었고 미래를 약속하는 듯했다. 나는 내가 가진 마지막 1달러까지 털어서 전자 산업 주식과 관련 산업 주식을 샀다. 모든 돈을 다 투자한 후 나는 또 신용으로 주식을 샀다. 내 대출 한도까지 대출을 받았다.

당시 미국 대통령이었던 아이젠하워는 전쟁 영웅이었으나 그 외에는 천재적인 데가 없는 사람이었다. 미국 국민의 눈에 그는 오점 없는 사람으로 보였다(마를렌 디트리히와 관계를 가졌다는 설이 있기도 했지만). 미국 국민이 자신들의 대통령을 신뢰한다는 것은 월 스트리트 분위기 조성에 아주 중요한 요소이다. 당시는 대통령 선거 일 년 전이었고, 사람들은 아이젠하워가 재선에서 승리하리라고 확신했다. 월 스트리트 전체가 이 확신에 기반을 두고 움직였다. 그의 재선 승리를 주식 시장에서 먼저 누리려고 했다. 모두가 그런 생각이었고 나 역시 그랬다.

그런데 전혀 예기치 못했던 위험한 일이 일어났다. 1955년 아이젠하워 대통령이 심장 발작을 일으킨 것이다. 다음 날 뉴욕 증권 시장에서는 모든 주식이 10~20%까지 급락했다. 나는 신용으로 주식을 샀기 때문에 부랴부랴 주식을 팔아야 했다. 가슴이 아팠지만 브로커가 더 많은 돈을 증거금으로 요구하기 전에 주식을 팔아야만 했다.

그때의 급락은 아이젠하워가 다시 대통령이 될 수 있다는 희망을 대중이 버렸기 때문에 일어난 것이었다. 아이젠하워 없이 선거 결과가 어떻게 될 것인가? 이것은 정말로 불확실한 질문이었다. 그리고 주식 시장에서 불확실성은 장애가 된다. 대중과 부화뇌동파 투자자는 뜻밖의 사건에 부딪치면 문제를 직시할 여유를 갖지 못한다. 이는 나쁜 사건뿐만 아니라 좋은 사건이 일어나도 마찬가지다. 대부분의 사람은 무엇이 주식 시장을 위해 좋은 것인지 혹은 나쁜 것인지 판단하지도 못한다.

그런 경우 모든 부화뇌동파, 그리고 신용으로 주식을 산 모든 사람은 가능한 한 빨리 주식을 팔고 싶어한다. 신용으로 주식을 산 경우는 그렇게 할 수밖에 없다. 급락하면, 계속해서 주가가 떨어지는 사태가 생길 수 있기 때문이다. 그런데 며칠 후 아이젠하워의 건강상태가 나아졌다. 그가 재선에 출마하리라는 기대가 높아지면서 증권 시장은 다시 안정을 되찾았고 주가는 오르기 시작했다. 오르기 시작하더니 마침내 그 일이 터지기 전보다 더 높은 상태가 되었고, 그 다음해 주가는 천정부지로 올랐다. 어떤 것은 10배나 올랐다. 하지만 내게는 너무 늦은 후였다.

그렇게 어쩔 수 없이 팔고 난 후 주가가 올라갈 때 나는 항상 하인리히 하이네의 시 한 구절이 떠오른다.

'이것은 아주 오래된 이야기라네. 하지만 가슴이 찢어지는 당사자에게는 언제나 새로운 것이라네.'

신용으로 증권을 샀을 때 좋은 경험을 한 적이 있는가?

이 주제에 대해 교훈적인 짧은 이야기 하나를 하겠다. 나는 2차 대전이 끝나고, 독일의 부채 지급 조약이 체결된 후 독일의 외국 채권이 오르면서 거액의 이익을 챙겼다.

나는 모든 돈을 다 털어 넣었다. 그리고 대출도 한도액까지 받았다. 미국이나 독일에서는 이 채권용으로 대출을 해 주지 않았으므로 스위스 은행에서 대출을 받을 수 있었다.

그 투자는 독일의 미래를 보고 한 것이었기에, 아데나워의 개인적 이미지와도 연관되어 있었다. 그는 무슨 일이 있어도 그 조약을 연방의회에서 통과시키려고 했다. 사회민주당은 크게 반발했다. 하지만 아데나워가 런던 조약을 인정하게 하려고 모든 힘을 다하고 있음을 느낄 수 있었다. 이 투자에서는 아네나워 개인이 가장 큰 역할을 했다. 그래서 어느 정도 위험도 있었다.

그렇게 민감하고 완전히 정치적인 경우, 아데나워의 신상에 무슨 일이 생기거나 건강이 나빠졌다는 뜻밖의 뉴스가 나온다면 최악의 상황이 되는 것이다.

나는 당시 얼마 동안 미국에 가 있어야 했는데, 빚으로 산 이 독일 채권 때문에 마음이 편치 않았다. 어느 날 갑자기 아데나워에 대한 나쁜 뉴스가 나오면 내 채권은 어떻게 될까? 아마도 완전히 폭락할 것이다. 그럴 경우 나는 무엇보다도 빚 때문에 즉시 모든 채권을 팔아야 할 것이다. 하지만 유럽에서 아침 뉴스가 전해질 시간에 뉴욕은 깜깜한 한밤중이고, 소식을 접하는 그 시간에는 이미 늦을 것이다.

나는 은행에게 나쁜 뉴스가 나올 경우 내 독일 채권을 모두 팔아 달라고 부탁하려고 했다. 하지만 어느 은행도 이 의뢰를 받아들이지 않았다. 아데나워의 건강이 어느 정도가 나쁜 것이지 판단을 해야 하는 책임을 지고 싶지 않았던 것이다.

나는 팔고 싶지는 않았다. 그래서 두려움에 떨면서 은행에게 나쁜 소식이 터지면 최소한 시간을 가리지 말고 전화해 달라고 부탁하고 미국으로 떠났다.

다행히도 내가 미국에 있는 동안 나쁜 일이 일어나지는 않았다. 나는 두려움을 떨치지는 못했지만 끝까지 상승 움직임에 참여해 결국 이익을 볼 수 있었다. 하지만 그때의 두려움을 나는 피할 수가 없었다. 아데나워가 없더라도 독일 채권은 마지막 페니히까지 지불이 될 것이라고 확신하고 있었지만, 그 위험한 빚 덕분에 나는 오랫동안 두려움에 떨어야 했다.

그 투자의 결과는 어떠했는가?

아주 좋았다. 하지만 아데나워의 건강이 아니라도 다른 나쁜 소식이 있었다면 실패할 수도 있었다. 이 조약을 통과시키기 전에 연방의회 선거가 있었는데, 이 선거에서 사회주의자들이 이겼다면 조약이 통과되는 데 어려움을 겪었을지도 모른다. 그랬다면 내 계좌도 치명적인 타격을 입었을 것이다.

신용으로 주식을 사지 않았다면 어떻게 했겠는가?

몇 년 후 다른 뜻밖의 사건이 일어났을 때 어떻게 했는지 이야기 해 주겠다.

때는 1962년, 나는 또 모든 돈을 털어서 파리 증권 거래소에서 프랑스 주식을 샀다. 하지만 이번에는 빚이라곤 전혀 없이 모두 내 돈으로 산 것이었다. 당시 프랑스는 알제리에서 전쟁을 치르고 있었다. 당시 프랑스 대통령인 드골 장군은 알제리를 해방시키고 싶어했다. 하지만 알제리 문제에 대한 여론이 분분했기 때문에 정책상 왔다 갔다 해야 했다. 그때 뜻밖의 대사건이 일어났다. 알제리에 있는 네 명의 프랑스 장군이 프랑스 정부, 즉 드골 장군에게 반대하는 반란을 일으킨 것이다. 이는 프랑스 국민들에게 너무도 놀라운 사건이었다. 아마 2차 대전 이후 가장 큰 사건 아니었나 싶다. 반란을 일으킨 장군들은 알제리를 해방시키려는 드골의 의도에 반대하고 결코 수용하지 않을 것이라고 밝혔다. 저녁이 되자 파리는 완전한 혼돈에 휩싸였다.

다음 날 나는 증권 시장에 가지 않았다. 나는 내 신경을 건드리지 않고 차분히 있고 싶었으며 또 내 주식이 곤두박질치는 것을 보고 싶지도 않았다.

주식 시장에 가는 대신 나는 '쉐 루이'라는 단골 식당에 갔다. 그곳은 유명한 영화배우, 탤런트, 언론인이 드나드는 곳이었다. 나는 시장에 대해 생각하지 않고 메뉴판을 열심히 들여다 보았다. 그때 우연히 한 동료가 오더니 지금 주식 시장은 그야말로 피바다라고 알려 주었다.

"그래?"

나는 이렇게 대답하고 아무렇지도 않게 점심 식사를 즐겼다. 나는 드골이 이번 권력 투쟁에서 승리하리라는 확신을 갖고 있었다. 내게 이번 사태는 시간이 지나면 곧 잊혀지는 그날의 뉴스에 불과했다. 그때 시장에 갔더라면 틀림없이 주식을 팔았을 것이다. 그런 날에 객장에 가지 않았던 것은 내가 빚이 한푼도 없었기 때문에 가능했다. 증권시장이 잔인한 시간을 보내고 있을 때 나는 훌륭한 식당에서 즐거운 시간을 보냈던 것이다. 증권 시장이 문을 닫고 한 시간 후 나는 장막판에 시장이 다시 돌아서서 폭락한 주가의 반이 회복되었다는 소식을 들었다.

그날 저녁, 드골은 텔레비전을 통해 역사상 유명한 연설을 했다. 그는 사랑하는 프랑스를 향해 호소했다. 이 순간 프랑스 국민 전체가 그를 따랐다. '4인조', 즉 네 명의 반란 장군들은 항복했다. 정치에서뿐만 아니라 주식 시장에서도 모든 것이 잊혀졌다. 사건은 그날의 뉴스로 끝났고, 나는 빚이 없었기 때문에 그 상황에서 침착하게 대응할 수 있었다.

빚이 있었더라면 내 모든 논리도 소용없었을 것이다. 두려움 때문에 내 머리가 다르게 반응했을 것이기 때문이다. 드골과 프랑스 국민의 대응이 어떨지 침착하게 생각해 보는 대신, 내 원칙을 위배하면서까지 상황에 휩쓸렸을 것이고 막대한 손실을 봤을 것이다.

따라서 내 결론은 이렇다. 빚이 많은 회사의 주식을 조금이라도 전부 내 돈으로 사는 것이 이름 있는 회사의 주식을 남의 돈으로 대량 사는 것보다 낫다. 작지만 내 돈으로 산 주식을 갖고 있으면 주가가 본격적으로 올라갈 때까지 기다릴 수 있다. 하지만 남의 돈으로 대량의 주식을 샀다면 이익이 조금만 나도 팔게 된다.

한번은 내 동료 한 명과 내가 똑같은 생각을 하고 똑같은 증권을 샀다. 나는 모두 내 돈으로 샀고, 그는 신용으로 샀다. 나는 2년간 그 증권을 보유해 200%의 수익을 냈다. 그러나 내 동료는 조금만 이익이 나도 빨리 팔아 치웠다. 빚을 지고 있기 때문에 조심스러울 수밖에 없었던 것이다.

하지만 위험을 감수하지 않고는 증권시장에서 돈을 벌 수 없지 않은가?

맞는 말이다. 하지만 증권 시장의 추세를 보고 투자한다면(유동성+심리+경제), 일류 기업의 주식을 신용으로 사는 것보다 경제가 좋지 않아서 그리고 금리가 높아서 위기에 빠진 기업의 주식을 사는 것이 좋다. 하지만 반드시 백 퍼센트 자기 돈으로 사야 한다.

두 번째는 옵션에 투자하는 것이다. 하지만 이때 항상 옵션에 넣은 돈 전체를 날릴 수 있다는 것을 생각해야 한다.

주식을 살 때 전술이 더 중요한가?
전략이 더 중요한가?

장기적으로 투자를 할 때는 오늘 주식을 살 것인가, 다음 주에 살 것인가 하는 전술적 결정은 중요하지 않다. 어차피 작은 움직임은 큰 영향이 없기 때문이다. 이때는 어떤 주식을 살 것인지, 중장기적 전망은 어떤지 하는 전략이 훨씬 더 중요하다.

성공적인 투자를 위해서는 하루 종일이 필요한가?

아니다. 스포츠, 자동차 운전, 카드놀이 외에도 결정에 앞서 찬반을 따져보고 생각하는 시간을 꼭 가져야 한다. 낚시는 투자자에게 좋은 취미이며 긴장을 푸는 방법이다. 낚싯대를 드리우고 조용히 앉아서 중요한 문제에 대해 생각할 수 있기 때문이다. 내 경우에는, 음악을 들으면서 생각한다.

적은 돈으로 큰 이익을 볼 수 있는가? 아니면 첫 백만 달러를 만들기가 가장 어렵다는 얘기가 맞는가?

적은 돈으로 큰 이익을 볼 수 있다. 완전히 버려졌다가 몇 달 전부터 소생하는 주식을 사는 것이다. 이것을 턴어라운드 주식이라고 한다.

또 추세를 정확히 알고 타이밍을 맞추면, 옵션으로도 큰 돈을 벌 수 있다. 이것도 가능하지만 나는 턴어라운드 주식 쪽을 선호한다. 물론 첫 백만 달러를 만들기가 가장 어렵다. 이는 증권 거래뿐만 아니라 다른 직업에서도 그렇다. 한 가지 강조해야 할 것이 있다. 많은 젊은 투자자들이 그러는 것처럼 주식투자로 생계를 유지할 수 있을 것이라고 생각하지 말라.

훌륭한 투자자라면 일년에 얼마를 벌 수 있는가?

"번다"고 말할 수는 없다. 왜냐하면 주식 투자를 통해 들어온 돈은 일을 하고 번 것이 아니기 때문이다. 주식 투자로는 일년에 얼마 소득이 있다고 말할 수 없다. 나는 주식 투자자를 일 년에 얼마 번다는 것으로는 절대 성공을 잴 수 없다고 생각한다. 첫째, 주가 차익으로 번 돈을 소득이라고 말할 수는 없다. 그것은 이익이지 소득은 아니다. 유가 증권의 소득은 배당금, 금리, 쿠폰 등이다. 주식 투자를 통해 이익을 얻을 수 있고, 때로 큰 이익을 얻어 부자가 될 수도 있다. 하지만 또 손실을 입을 수도 있고, 큰 손실을 입고 파산할 수도 있다. 어느 경우든 한 달에 얼마, 일 년에 얼마 이익을 봤다고 계산할 수는 없다. 예를 들어, 어느 투자자가 몇 년간 아무 성과 없이 손실을 보다가 단 6개월 동안 지난 수년간 입은 손실보다 더 많은 이익을 볼 수도 있다. 요컨대 증권 거래에서의 성공을 일년에 얼마의 이익, 일년에 몇 퍼센트의 이익으로 잴 수는 없다.

"떨어진 음식 주워 먹지 말고 크게 벌어라"는 말은 모든 투자자에게 해당하는 말인가?

그렇다. 주식 투자에서는 "작은 소득에 만족하는 사람은 큰 것을 얻지 못한다." 유태인들은 이렇게 말한다. "이왕에 돼지고기를 먹으려면, 진탕 먹어야 한다." 유태교에서는 돼지고기 먹는 것이 금지되어 있기 때문이다. 모든 투자자는 이를 항상 명심해야 한다. 위험한 땅에 발을 내딛었으니 그만큼 큰 이익, 작은 손실을 봐야 투자를 할 만하다.

이것은 모두에게 해당되는 말인가?

나는 이런 말을 많이 한다. "돈이 많은 사람은 투자할 수 있다. 돈이 적은 사람은 투자해서는 안 된다. 돈이 하나도 없는 사람은 투자해야 한다." (돈이 하나도 없다는 것은 물론 돈이 거의 없어 아주 적은 금액만 가지고 있는 사람을 말한다.)

투자는 중독성이 있는가?

나는 그렇다고 생각한다. 나는 우연히 주식 투자를 시작했다가 영영 끊지 못한 사람들을 많이 알고 있다. 다음 일화를 들어보라.

1929년 뉴욕 증시가 붕괴하고 난 후 수천 명의 전문 투자자들이 완전히 파산하여 다른 직업을 구해야 했다. 별로 시원치 않는 직업이라도 구해야 할 형편이었다. 하루는 증권 거래소에서 일하던 두 친구가 만났다. 한 친구가 물었다.

"자네 요즘 뭘 하나?"

"나 치약 외판원 하고 있어. 자네는?"

"자네한테는 털어 놓지. 나는 아직도 증권 거래를 하고 있어. 하지만 아내는 내가 공공건물에서 피아노를 치는 줄 알고 있어."(피아노를 연주하는 것이 주식 투자보다는 훨씬 나았던 것이다.)

"모든 이론은 회색이다." 이 말이 주식 투자에도 맞는 말인가?

절대적으로 맞는 말이다. 주식 투자에 학문적 이론이나 시스템이란 것은 없다. 주식 시장에서는 단지 예감할 뿐, 아무것도 명확히 볼 수가 없다. 나는 경험 많은 전문가라는 사람들이 이런 말을 하는 것을 종종 듣는다.

"요즘 증시는 정말 불투명해."

나는 웃는다. 주식 시장이 언제는 투명했던가? 투명하게 볼 수 있다면, 주식 시장이 아닐 것이다. 최고의 투자자도 미래를 볼 수 없고, 안개의 형체만 파악할 수 있을 뿐이다. 내일이나 모레가 어떨지 예측할 수 없다. 하지만 오늘이 어떤지 어제가 어땠는지는 알아야 한다. 이

것만 알아도 많이 아는 것이다. 대부분은 이것조차 모르기 때문이다.

모든 것이 어둠에 싸여 있다는 말인가?
경험을 통해 배울 수 있는가?

그렇다. 모든 투자자는 암실에 있는 것과 같다. 암실에서는 손으로 이리저리 만져 물건을 찾아낸다. 물론 오랫동안 암실에 있었던 사람은 밝은 곳에서 바로 들어온 사람보다 물건을 더 잘 찾아낼 수 있다.

하지만 많은 은행 직원들은 자신이 무엇인가 안다고
주장한다. 그렇기도 한가?

진실을 이미 발견한 자들을 믿지 말라. 아직도 진실을 찾고 있는 사람들만을 믿어라. 프랑스 시인 앙드레 지드의 다음 말을 명심하라.

"우리는 주식 시장이 어떻게 될지 항상 그 방향을 찾고 있다. 우리는 아무것도 모른다. 단지 예감할 뿐이다."

투자자에게는 돈이라는 단 하나의 신만이 있는가? 돈이 투자자의 행동을 결정하는 모든 것인가?

그렇지는 않다. 열정적인 투자자이면서 예술과 문학 세계에서 활동한 천재들이 있었다. 키케로(이 경우 주식이 아니라 부동산 투자), 볼테르, 보마르세, 롯시니, 발자크, 고갱, 프루스트, 쇼펜하우어 등이 그렇다. 나도 미국에 있을 때 세기의 바이올린 연주자인 프리츠 크라이슬러와 증권 브로커 사무실에서 만났다. 그는 항상 조언을 해 달라고 했다. 그는 나와 비교해 아주 큰 장점을 가지고 있었다. 오후에 증권시장에서 돈을 잃어도 저녁에 바이올린 연주로 잃은 돈을 간단히 회복할 수 있으니까 말이다.

내 경우에 확실히 돈이 제1요소는 아니다. 투자는 일종의 지적인 스포츠이다. 따라서 단순히 돈을 벌어서 기쁘기보다는 자기 생각이 옳았다는 것이 입증됐다는 것에 더 큰 기쁨을 느낀다. 투자는 카드놀이, 룰렛 게임, 경마 등과 마찬가지로 신경전이며, 여기서 제1요소는 돈이 아니라 승리이다.

투자는 도덕과 합치될 수 있는가?

아주 약간의 예외가 있지만, 그렇다. 경제 발전이 투자의 결과가 아닌 경우는 없었다.

대규모 투자자는 우리에게 위험한 존재인가? 아니면 그들의 위험천만한 거래를 이용해 이득을 보도록 전술을 세워야 할 것인가?

여기에는 어떤 규칙도 없다. 대규모 투자자는 증권 거래소를 통해 기업의 인수, 합병, 분리를 진행한다. 그들은 증권 시장에서 한 기업의 주식 과반수를 사들임으로써 그 기업의 경영권을 산다. 혹은 한 기업의 주식을 팔아서 자회사와 분리시킨다. 노련한 투자자는 종종 이런 거래로 생기는 시세 변동을 이용해 이익을 볼 수 있다. 하지만 여기에서도 최대한의 주의를 기울여야 한다.

어떤 집단이 주식을 사들여 어느 기업의 경영권을 차지하려고 계획한다. 그리고 거래소에서 주식을 산다. 그런데 통제권을 차지하기에 충분한 수의 주식을 사지 못하면, 이미 산 주식을 다시 내다 판다. 그러면 방금 전까지 로켓처럼 급등하던 이 주식의 시세는 수직으로 급락한다. 아무것도 모르는 사람은 왜 이런 급등과 급락이 생기는지 이해가 되지 않는다.

증권투자는 룰렛 게임과 비슷한가? 처음 이익을 보면 이를 모두 다시 투자해야 할까?

이는 성격과 나이에 따라 다르다. 이에 대해서는 룰렛 게임에서처럼 어떤 조언도 해 줄 수가 없다.

투자자는 도덕적으로 행동해야 하는가?

인간적인 면에서의 도덕인지 법에 대한 도덕인지에 따라 다르다. 많은 투자자들은 법 자체가 도덕적이지 않다고 생각한다. 특히 외환 통제 경제가 있는 나라에서는 더욱 그렇다. 내가 아는 사람 중 빈에서 파리로 온 투자자가 있었는데, 그가 카페에 들어서면서 처음 했던 말이 아직도 기억에 남아 있다.

"이보게들. 여기서 금지되어 있는 것이 무엇인지 말해 주게나."

그때는 법이나 규정을 악용할 수 있는 복잡한 사업으로 큰 돈을 벌곤 하였다.

한편 주식 시장이 하락하거나 붕괴할 것으로 보고 투자하는 이들을 도덕적인 면에서 살펴볼 수 있다. 공매도 투자자는 다른 사람이 손실을 보아야만 이익을 얻을 수 있기 때문이다. 전쟁, 혁명, 지진, 폭발 등과 같은 것도 때로는 주가를 떨어지게 한다. 공매도 투자자는 이런 사건으로부터 이익을 본다. 그렇다고 해서 도덕적인 이유로 투자자들이 공매도를 안 하게 되지는 않을 것이다.

나는 도덕적인 이유로 공매도를 그만둔 것이 아니라 어느 시점에 양심의 가책을 느껴 공매도를 그만둔 사람을 하나 알고 있다. 바로 나다.

이야기는 이렇게 시작된다. 1932년 나는 크로이거 성냥 회사의 주식을 대량으로 공매도했다. 이완 크로이거는 스톡홀름 출신의 천재적인 사업가였는데 여러 나라에 성냥 독점 회사를 구축했다. 그는 미국을 비롯한 부자 나라에서 대규모 대출을 받아 재정적으로 어려운 중부 유럽과 동부 유럽의 나라에 돈을 빌려 주고 그 대가로 성냥 독점권을 얻어냈다. 그런데 바이마르 공화국과 헝가리 등이 상환을 중단하자, 크로이거의 사업 전체는 붕괴될 수밖에 없었다. 돈을 빌려간 나라들이 대출을 갚지 않자 크로이거도 돈을 빌려 준 나라에 돈을 갚을 수가 없었다. 여러 가지 징후를 통해 나는 이런 일이 곧 닥치리라고 확신하게 되었다. 그래서 대량의 크로이거 회사 주식을 공매도했다.

처음에는 주가가 서서히 떨어졌다. 주가가 이미 많이 떨어졌을 때에도 나는 더 떨어질 것이라는 확신이 있었기 때문에 거두어 들이지 않았다.

그런데 갑자기 어느 날 극적인 뉴스가 전해졌다. 크로이거가 파리의 자택에서 총으로 자살을 한 것이다. 다음 날 주가는 바닥으로 곤두박질쳤다. 나는 엄청난 이익을 보았으나 그것이 한 인간의 목숨의 대가였다는 생각이 들자 그의 죽음에 책임을 느끼게 되었다. 나 자신이 얼마나 부도덕한가 스스로를 비판했다. 나 개인은 그 비극과 아무 관련이 없었다. 하지만 이 일은 영혼에 아주 깊은 상처를 남겼다. 세계 언론이 그를 사기꾼이라고 했지만 나는 그렇게 생각하지 않았기에 쇼크는 더욱 더 컸다. 그의 사업 아이디어는 논리적이고 정직한 것이었다. 다만 정치적, 경제적 상황을 잘못 판단한 것뿐이었다. 그는 불리한 상황의 희생자였던 것이다.

도덕적인 이유에서 어떤 주식을 사지 않는 것은 모두 자유롭게 선택할 일이다. 어느 젊은 학생이 언젠가 군수 산업의 주식을 사는 것은 비도덕적이지 않느냐는 질문을 한 적이 있다. 분명 미국에서 총기 판매가 자유로운 것은 비도덕적이다. 그와는 달리, 국가는 상황에 따라 도덕을 지키기 위해 군수품을 필요로 한다. 도덕적인가 비도덕적인가 하는 이 질문은 모든 정부에게도 해야 할 것이다. 군수품 때문만이 아니라, 국가는 또한 담배와 술로부터도 엄청난 이익을 보고 있기 때문이다.

나는 카지노가 비도덕적이라고 생각한다. 또한 큰 은행이 금을 사라고 선전하면서 어떤 나라에서 금을 사면 면세라고 귀띔해 주는 것도 비도덕적이라고 생각한다. 금화를 사는 것은 자본 유출이다. 자국의 통화가 압력을 받고 있는 상황에서는 더욱 그렇다. 돈을 외국으로 보내면 그만큼 자국의 경제에서 돈이 빠져나가는 것이다. 금을 사는 것은 금이 생산되는 그 나라에 좋은 일을 할 뿐이다. 은행은 또한 고객에게 어떻게 하면 세금을 안 내는지 조언을 해 준다.

나는 법에 위반되지는 않지만 도덕에 반하는 예를 수십 개 더 들 수도 있다. 요컨대 도덕적인 이유에서 투자를 하지 않는다고 해도 이는 전혀 불행한 일이 아니다. 불행이라고 해도 50% 불행이다. 손실을 입을 가능성도 50%나 되기 때문이다.

이미 자리를 잡은 회사에 투자하는 것이 좋을까, 새로운 회사에 투자하는 것이 좋을까?

원칙은 없다. 어떤 목표를 세우느냐에 따라 다르다. 또, 투자자의 자금이 얼마나 많은지, 위험을 얼마나 즐기는지, 인내는 얼마나 많은지에 따라 다르다. 또한 새로운 회사마다 다르고 그 회사의 경영자와

측근이 어떤가에 따라 다르다.

아내나 여자친구의 의견을 들어야 할까?

여자들은 직관과 본능이 매우 강하다. 이런 특성이 남성의 논리적인 생각을 보완해 줄 수 있다.

투자자는 이익 혹은 손실이 클 때 팔아야 할까, 작을 때 팔아야 할까?

어떤 증권을 팔 것인가, 말 것인가를 결정하는 것은 지난 판매가와는 아무 관련이 없고, 오로지 미래의 전개에 대해 어떻게 판단하는가에 달려 있다. 투자자는 절대적으로 객관적인 판단을 내려야 한다. 손실을 입었다 하더라도 자신의 판단이 팔라고 하면 팔아야 한다. 손실을 입은 투자자 대부분이 손실을 입었다는 사실에 직면하기가 싫어서 주식을 팔지 못한다. 주식을 팔지 않는 한은, 손실의 고통을 느끼지 않아도 되기 때문이다. 이런 심리적 반응은 완전히 틀린 것이다. 객관적인 판단을 하지 못하게 만들기 때문이다. 이익을 봤을 때도 마찬가지로 독립적인 결정을 내려야 한다.

투자자가 자신의 정치적 입장에 영향을 받아도 되는가?

안 된다. 투자자는 자신의 정치적 입장의 영향을 받아서는 안 된다. 많은 투자자들이 고집스러운 정치적 입장 때문에 큰 성공을 놓쳤다. 예를 들어, 2차 대전 후 스위스와 네덜란드의 투자자들은 독일을 싫어했기 때문에 어떤 경우에도 독일 채권을 사려고 하지 않았다. 많은 이들이 수백만의 이익을 볼 수 있는 기회를 놓쳤던 것이다. 그러나 30년 후에는 똑같은 사람들이 높은 가격의 독일 채권을 대량으로 샀다.

투자자는 항상 논리적이고 냉정해야 하는가 아니면 때로는 다른 바보들에게 휩쓸려야 할까?

항상 논리적이고 냉정하기만 해서는 안 된다. 바보들도 가끔씩은 옳을 때가 있다. 때로는 이들 스스로 주가를 만들어내기 때문이다. 증권 시장의 논리는 때로 논리적이지 말아야 한다는 것이다. 이것이 바로 투자와 분석의 기술이다.

전광판으로 주식시세를 모두 볼 수 있는 객장에 가야 할까?

대부분의 투자자가 모든 시세 변동을 살피고 움직이는 전광판을 관찰한다. 하지만 이는 투자자가 냉정하게 생각하지 못하게 만들고 투자자를 게임꾼으로 전락시킨다. 시장의 움직임을 대충 아는 것만으로 충분하다. 물론 올라가는지 내려가는지 추세가 어떤지는 알아야 한다. 투자자는 어느 정도 거리를 두고 시장을 관찰해야지 너무 가까이 다가가면 안 된다. 투자상담사, 증권 회사 직원들은 고객이 물으면 대답해 줘야 하기 때문에 모든 주식의 시세를 알고 있어야 한다. 하지만 투자자는 거리를 유지해야 한다.

나는 아주 특별한 방법을 쓴다. 나는 언제나 정확한 주가는 모른다. 내가 산 주식의 가격도 모른다. 나는 하루 하루의 변동에는 신경 쓰지 않기 때문이다. 나는 단지 종합 지수가 얼마인지 체크하는 등 분위기가 어떤지 살핀다. 나는 이미 내 의견을 정립했고 인내를 가지고 내가 옳았음이 드러날 때까지 기다린다. 때로는 맞고 때로는 틀릴 수 있다. 하지만 어느 정도 시간이 지난 후 증권 시장에서 내가 옳았음이 입증되지 않았고, 나 또한 내 의견을 바꾸지 않았다면 나는 침착함을 유지한다. 이렇게 하기가 매우 어렵다는 것은 알고 있다. 많은 훈련이 필요하다. 하지만 훈련을 하면 점차 그런 태도에 익숙하게 된다.

투자자가 술을 마시고 결정을 내려도 될까?

그렇다. 술을 마시면 환상이 촉진되고 불필요한 망설임이 없어진다. 이는 유리할 때가 많다.

투자자가 미신을 믿어도 될까?

약간 그렇다. 투자자가 미신을 믿는 것은 이해하기 쉽다. 투자자는 모든 면에서 논리적이고 확실한 근거가 있는 어떤 이론을 세운다. 그리고 그렇게 진행될 것이라고 생각한다. 그런데 생각이 틀렸다는 것이 드러난다. 그러면 투자자는 "운이 없었어"라고 말한다. 실패를 운의 탓으로 돌리는 순간, 이미 그는 미신을 믿는 것이다. 미신은 종종 본능과 연관되어 있다. 이는 아주 유용할 때가 많다.

새로운 계획을 세웠으면 어떻게 행동해야 하는가?

저녁에는 계획을 세우고, 밤에는—의식적으로든 무의식적으로든—생각을 하고 아침에는 결정을 내린 후 그 다음은 행동으로 옮긴다.

주식을 샀으면 산 가격보다 훨씬 높은 가격에 팔아야 하나?

이것도 지난 거래와는 상관없이 객관적으로 판단해야 한다.

어느 시간대에 주식을 사야 할까? 한 주 중 어느 날, 그리고 하루에도 장이 시작되기 전이 좋은가 장 중이 좋은가?

주말에 조용히 시간을 가지고 증권 시장에 대해 생각하라. 생각이 익은 후에 전략을 세우고 계획을 수립할 수 있다.

잃은 돈을 다시 얻을 수 있는가?

잃은 것은 잃은 것이다. 새로운 거래는 새로운 이익을 가져온다. 하지만 이는 과거와는 아무 상관이 없다. 그렇기 때문에 나는 이렇게 말한다.

“딸 수도 있고 잃을 수도 있다. 하지만 잃은 돈을 다시 딸 수는 없다.”

성공적인 투자를 한 후에는 어떻게 행동해야 할까?

투자로 번 돈이 아주 큰 금액이라 해도, 투자자는 항상 겸손해야 하며, 스스로 잘 했다고 생각해서는 안 된다. 왜냐하면 주식 시장에서는 바보들도 종종 성공을 하기 때문이다. 많은 바보들이 시세를 만들어가는 상황에서는 더더욱 그렇다.

가능성은 상승과 하락, 딱 두 가지뿐이다. 물론 강도는 다르겠지만 말이다. 두 가지 경우 중 하나를 잡았고 그것이 옳다고 해서 스스로 잘났다고 생각할 이유는 되지 않는다. 순전히 운이 좋아서 그랬을 수도 있다. 새로운 아이디어가 있으면 희망을 가져야 한다. 하지만 약간의 회의도 항상 필요하다. 너무 많이 기대하면 계량할 수 없는 일이 끼어 들어 일을 망친다.

정식으로 학교에서 배우지 않고 독학한 사람의 말을 어떻게 생각하는가?

학교에서 배우지 않더라도 독학한 사람은 많은 경험을 갖고 있으며, 종종 정식으로 배운 이론가보다 어떤 문제나 사건에 본능적으로 더 잘 대응한다. 독학으로 익힌 사람들은 왜 그런지는 알지 못하지만 경험 덕분에 올바로 대응한다.

투자자는 언제 결산을 해야 하는가?

결산은 투자자의 상속인만이 할 수 있다. 상속인만이 죽은 사람이 성공적인 투자자였는지 실패한 투자자였는지 알 수 있는 증인이다. 왜냐하면 투자자가 주식 시장에 참여하고 있는 한, 사고 팔고, 새로운 생각을 품고 새로운 거래를 하는 한, 주식 시장에서 번 돈은 빌린 돈이기 때문이다. 빌린 돈을 높은 금리를 물고 다시 돌려 줘야 하는 경우도 종종 있다. 따라서 살아있는 동안은, 그리고 투자를 하는 동안은 결산을 하지 말아야 한다. 은퇴를 했다면 더 이상 주식 시장을 쳐다보지도 않아야 결산을 할 수 있다. 주식 시장은 자석처럼 투자자를 끌어당기기 때문이다.

열정적인 카드 혹은 룰렛 게임꾼은 카지노를 떠나지 않는다. 돈을 많이 따도 다음 날 그는 다시 와서 게임을 한다. 손님이 큰 돈을 딴 채로 카지노를 나서는 것을 봐도 카지노 매니저는 꿈쩍도 안 한다. 다시 와서 결국 딴 돈을 모두 돌려 놓을 것임을 잘 알고 있기 때문이다. 한번은 카지노 매니저가 이렇게 말하며 한숨을 쉬었다.

"가장 속상한 일은 우리 카지노에서 돈을 따 가지고 다른 카지노에 가서 잃어버릴 때입니다."

어떤 기준에 따라 주식을 선정해야 하는가?
일반적으로 결정이라는 것은 어떻게 내리는가?

첫 번째 결정해야 할 것은 주식을 살 것인가 아니면 장기 예금에 넣어둘 것인가이다. 주식을 사기로 결정했으면 어떤 시장에서 살지 결정한다. 그 다음은 어느 산업 분야를 살지 결정한다. 그리고 마지막으로 기업을 고른다. 오늘, 내일 혹은 1주일 후에 살 것인지는 중요하지 않으며 전술적인 결정일 뿐이다.

늙고 경험 많고 지적이고 그러나 완전히 실패한 투자자의 의견은 얼마나 중요하게 생각해야 할까?

가장 중요하게 생각해야 한다. 성공이 프로의 지식을 재는 기준은 아니기 때문이다. 성공하지 못한 사람도 주식 시장의 추세와 기회를 아주 잘 판단할 수 있고, 환상을 펼치고 위험을 잴 수 있다. 그 자신은 결단력이 없거나 겁이 많거나 초조하고 인내심이 없어서, 혹은 자신의 의견에 대한 확신이 없어서 그로부터 이익을 보지 못하지만 말이다. 또 항상 신용으로 주식을 샀기 때문일 수도 있다. 이 경우는 아주 치명적인데, 인내심이 아주 많더라도 어찌 할 수 없다. 성공은 한 사람의 지식이 아니라 성격에 달려 있는 경우가 많다.

내 친구들 중에도 이런 이들이 있었다. 한 오래된 친구 생각을 하면 마음이 애잔해진다. 나는 그를 최고라고 생각했고 그에게서 많은 것을 배우기도 했다. 하지만 그는 항상 성과가 없었다. 그의 마지막 몇 년은 내가 돈을 대 주기도 했다. 앞서 말한 성격 외에도 그는 노름에 아주 푹 빠져들었다. 오전에는 주식 시장에서 노름을 하고 오후에는 경마를 하며 저녁에는 브리지나 포커, 밤에는 또 다른 노름을 하며 지냈다. 주식 시장에 대해 그는 여러 가지 괜찮은 아이디어를 갖고 있었다. 하지만 한번 하락을 맞고 나면 당장 팔아 치웠다. 신용으로 샀던 것도 한 가지 이유였다. 그의 지식과 설득력 있는 아이디어에도 불구하고 그는 투자를 하나의 노름으로 바라보았다. 이렇게 그는 아주 지적인 투자자이면서 동시에 초조한 노름꾼이었던 것이다.

다른 친구는 알버트 한이라는 대학 교수인데, 그는 아주 영리한 사람이었다. 그는 자신이 대학 교수라는 것에 불신을 가지고 있었다. 그런데 이런 불신이 그에게는 커다란 행운이었다. 그는 스스로에 대해 부정적으로 생각했으므로 종이 위에서만 사고 팔고 할 뿐 실제로는 아무것도 하지 않았다. 그는 단지 한 번 장기적인 전략을 세웠고 40년대에 그의 모든 재산을 털어 주식을 샀다. 그리고는 20년 동안 아무것도 하지 않았다. 그가 죽었을 때, 그는 투자한 돈의 30배가 되는 재산을 남겼다.

이 경우 상속인은 그가 아무것도 하지 않았다는 바로 그 이유로 훌륭한 투자자였음을 확인할 수 있었다. 그는 일급 이론가였고, 나는 실천가였다. 그 때문에 그는 오히려 내게 상담을 하면서 자신의 이론은 종이 위에서만 살려나갔다. 그가 자신의 국민경제 이론을 가지고 투자를 했더라면 그는 아마 파산했을 것이다.

주식을 살 때, 배당금은 어느 정도 고려하는가?

연금 기금, 재단, 보험 회사 등의 투자자에게는 배당금이 어느 정도 역할을 한다. 이들은 꾸준한 수입원이 있어야 하기 때문이다. 그에 반해 폭 넓게 계획하는 투자자는 이윤과 관련해 기업의 발전을 추적하고, 이윤이 떨어질지, 올라갈지, 정체될지를 분석한다. 배당금 금액은 자본 시장의 금리와 비교할 수 있다. 배당 수익률이 장기 채권의 확정 금리보다 높은가 낮은가는 때에 따라 다르다. 미래의 주식 배당금은 채권의 금리와는 반대로 불확실한 것이기 때문에. 경제 위기 때 특히 그렇다. 자본 시장의 금리보다 수익률이 더 높아야 한다며 주식 투자자들이 더 많은 배당금을 요구하는 때가 있었다.

그에 반해, 기업의 성장에 참여하고 싶고 경제와 기업의 발전을 낙관적으로 판단해서, 자본 시장의 금리보다도 적은 배당 수익률에 만족해 하는 때도 있었다. 배당금이 전혀 위험하다고 보지 않고 오히려 배당금이 계속 증가할 것이라고 생각한 것이다. 이렇게 이윤과 배당금이 높아질 것이라고 기대하는 것이 바로 투자이다. 대중과 투자자가 어느 기업의 이윤이 계속 올라갈 것으로 기대하면, 배당금이 오르지 않더라도 이 기업의 주식을 대량 매수한다. 반대로 이윤이 떨어지거나 심지어 배당금이 떨어지거나 손실을 볼 위험이 있다고 판단하면, 그 기업의 주식을 대량 매도한다.

기업의 이윤과 자본 시장에 통용되는 금리의 관계는 언제나 변하게 마련이다. 이윤, 배당금, 주가 사이에도 정해진 관계는 없다. 배당금은 이윤보다 변화 폭이 적고 주가보다는 변화 폭이 넓다. 주가가 바닥에 있을 때 주식의 배당 수익률은 상대적으로 높고, 주가가 최고점에 있을 때는 배당 수익률이 가장 적다. 배당금과 이윤이 변하지 않는데도 자본 시장의 금리가 떨어지거나 오르면, 주가도 오르거나 내릴 수 있다.

자본 시장의 금리가 떨어지고 동시에 기업의 이윤이 올라가면, 그리고 다른 모든 영향 요소가 제자리이면, 주가는 상승운동을 시작한다. 반대로 자본 시장의 금리가 올라가고 기업의 이윤이 떨어지면 하락장이 시작된다. 이와 같이 금리, 심리, 기업의 이윤, 세 가지가 주가에 결정적인 영향을 끼친다.

바닥에서 사서 최고점에서 팔라는 주장에 대해서는 어떻게 생각해야 하는가?

한 마디로 거짓말이다.

투자자로서 주식을 선호하는가, 부동산을 선호하는가?

투자자의 세계는 두 개의 정당이 있는 민주주의와 비슷하다. 한 당은 부동산 투자자의 당이고, 다른 한 당은 동산(주식과 채권) 투자자의 당이다. 두 당의 차이는 크고, 각 당마다 상이한 원칙이 지배한다. 둘 다 왜 자신의 당이 좋은지 선전을 하고, 단점에 대해서는 별로 말하지 않는다.

주식 투자의 단점은 투자자가 자신이 산 주식의 가격을 매일 확인할 수 있다는 것인데, 이는 투자자에게 가장 큰 손해가 된다. 보고 싶지 않아도 그날의 뉴스, 텔레비전, 라디오에서 주가 소식이 흘러나온다. 주가가 크게 떨어지기라도 하면 톱 뉴스로 다루어 알고 싶지 않아도 알게 해 준다.

그리하여 투자자는 매일 손익을 계산한다. 이로 인해 충분히 생각해 보지도 않고 결정을 하게 된다. 투자자는 은퇴한 후를 위해 혹은 손자를 위해 장기적으로 주식을 산다고 주장한다. 하지만 소용없다. 한 주를 갖고 있더라도 매일 매일 주가를 확인하게 된다.

부동산 투자에는 이런 긴장이 없다. 부동산 투자에는 하프의 현을 연주하듯 신경을 팽팽하게 만드는, 눈에 보이는 시세 변동은 없다. 하지만 건물과 토지의 가치는 시간이 지나면서 큰 시세 변동을 겪는다. 행복한 부동산 소유자만 모를 뿐이다. 그는 맘 편히 잠을 잔다. 하지만 사실 십만 마르크로 부동산을 산 경우, 막대한 수수료는 고사하고 몇 달 후 아무 손실 없이 팔 수 있을지는 매우 의심스럽다. 부동산의 경우는 주가 시세판이 아니라 바로 자신의 주머니를 통해 투자가 가치 있었는지 아닌지 알 수 있다.

주식 투자의 장점은 유동성이 아주 좋다는 점이다. 주식은 곤두박질치기도 하고 올라가기도 한다. 하지만 증권 시장에서 이익을 보든 손실을 보든 언제나 돈으로 바꿀 수 있다. 30년 전에 당시 유럽 최고의 부자였던 바론 M.R.은 3억 파운드(오늘날의 가치로 하면 50억 마르크의 구매력에 해당한다)의 유산을 남겼다. 유산 대부분은 증권이었다. 거액의 증권이었지만 돈으로 바꾸는 데는 단 몇 일밖에 걸리지 않았을 것이다. 부동산이라면, 특히 숲이나 들판이라면 팔릴 때까지 오랫동안 인내를 갖고 기다려야 했을 것이다.

이 밖에도 주식 소유자는 적은 돈이라 해도 여러 나라에서 여러 주식을 나누어 사게 되면 위험을 분산시킬 수 있다. 부동산 투자자가 이렇게 하려면 아주 많은 돈이 있어야 가능하다.

부동산에서는 정치적 위험도 상대적으로 크다. 유권자들 중에는 주택 소유자보다 임대자가 많으니, 어느 정부가 임대자를 보호하려 하지 않겠는가. 세계 거의 모든 나라에 임대차 보호법이 있으며, 이는 부동산 시장에 압력으로 작용하고 있다. 20년 전 영국에서는 보수주의자들이 임대보호법을 폐지하는 바람에 의회 선거에서 패배했다.

70년대 주식 소유자들은 손실을 보고 부동산 소유자들은 큰 이익을 본 것이 사실이다. 하지만 그렇다고 해서 미래에도 그러리라는 보장은 없다. 지난 70년 간 미국, 프랑스, 스페인, 심지어 스위스와 독일에서도 부동산 투자자들이 손실을 본 예가 많았다. 독일에서는 몇 년 간 패망한 나라를 다시 세우면서 극도의 부동산 호황을 겪었다. 하지만 계속 그렇지는 않을 것이다.

그럼에도 불구하고 나는 소규모 투자자가 처음 투자할 때는 자신이 살 집을 첫 투자 대상으로 해야 한다고 확신한다. 집을 사면 인플레이션이 와도 가치가 변하지 않는 첫 번째 저축을 마련해 놓은 것이나 다름없다.

주식 투자에 비해 부동산 투자의 또 다른 장점은 대출을 받을 경우, 상환 기간이 길다는 것이다. 주식을 살 때 받는 대출은 매일 시세에 따라 가치가 달라진다.

대규모 자본의 투자에 대해 말하라면 의견은 반반이다. 하지만 나는 주식 시장의 사람이고 그래서 유가 증권에 투자하라고 권할 것이다. 프랑스 속담에 "주식 투자자처럼 멍청하다"는 말이 있다. 하지만 나는 "주식 투자자처럼 영리하다"고 바꾸는 것이 옳다고 생각한다.

투자자는 무엇을 할 줄 알아야 하는가?

투자자는 경영자나 경제 엔지니어이기보다는 정치학자, 사회학자, 심리학자, 철학자여야 한다. 완벽한 경영자는 자신의 기업을 효율적으로 운영하고 기계의 수익성과 제품의 시장 수용도를 정확하게 계산한다. 하지만 자기 회사 주가에 대한 이들의 의견에는 아무 가치를 두지 않아도 된다.

아주 장기적으로, 몇 년을 두고 보면 기업의 기술적 분석이 분명 중요하다. 하지만 회사의 운명은 외국의 경쟁자, 새로운 기술 등장, 제품에 대한 대중의 반응, 그리고 주식에 대한 투자자의 반응 등 수없이 많은 계량 불가능한 것의 영향을 받는다. 투자자에게 한 기업의 대차대조표는 의사가 환자를 진찰할 때 보는 엑스레이 역할을 하지 못한다. 처방을 내리는 사람은 뢴트겐 기사가 아니라 의사이다.

투자자의 역할은 판사의 역할과 비슷하다. 판사는 사건이 일어났을 때 그 자리에 있지도 않았고 총기 전문가도 아니다. 그러나 그는 증인을 심문하고 전문가들의 의견을 들은 후에 자신의 판단을 내린다. 투자자는 전자, 항공, 석유, 철도, 컴퓨터, 자동차, 화학의 전문가가 아니다. 투자자는 다른 사람의 조사와 분석을 받아 보고 국제 정치와 중앙 은행의 금리 정책을 살핀 다음, 증권을 살지 사지 않을지 자신의 판단을 내린다. 투자자는 취사 선택하는 정신을 가지고 있어야 한다. 투자자는 '팔방미인'이다. 사람은 모든 것을 읽을 수는 없다, 하지만 무엇이 어디에 있는지는 알아야 한다는 말이 있는데, 이는 바로 투자자에게 해당하는 말이다.

라틴어에 "Omnibus parvum, ex toto hihil."(모든 것을 조금씩 아는 것

은 아무것도 모르는 것과 같다.)이라는 말이 있는데 이는 증시에는 해당되지 않는다. 반대로 모든 것을 조금씩 아는 사람이 증시를 더 잘 이해한다. 조금씩 배우고 보고 듣고 경험한 모든 것이 투자에 도움이된다.

가장 중요한 것은 삶을 스스로 연구하는 것이다. 많이 여행하고 세계와 그 지역 사람들을 만나라. 경제 전문가, 은행가, 자본가, 중개사, 정치가 같은 종족을 볼 때는 회의적인 눈을 가져라. 또한 중요한 결정적인 발표가 있을 때 행간을 읽을 줄 알아야 한다. 모든 발표, 모든 뉴스가 어떤 동기로 발표되느냐 그리고 어떤 출처에 의한 것인가에 따라 긍정적으로 해석할 수도 있고 부정적으로 해석할 수도 있다. 금융세계의 막후 실력자는 영리하다. 투자자는 그보다 더 영리해야 한다.

투자자가 되기 위해서는 어떤 공부를 하는 것이 유리한가?

투자자에게 가장 좋은 공부는 대중 심리학이다. (이에 관해 가장 좋은 책은 1895년에 나온 르봉의 『대중 심리학』이다.) 왜냐하면 증권 시장과 경제 발전에 가장 중요한 요소는 대중의 행동이며 이는 어떤 경제 전문가도, 어떤 현대적인 컴퓨터도 계산할 수 없기 때문이다.

물론 세계에서 가장 중요한 언어를 할 줄 알면 아주 좋다. 제 1순위가 영어다. 내 오랜 친구 중 한 명은 천재적인 투자자였지만 중요한 문서를 원어로 읽을 수 없었기 때문에 독일어 외에 외국어를 못한다는 것이 큰 핸디캡이었다. 그를 만나면 1분 내에 그가 국제 언론을 모른다는 것이 드러났고 이는 그에게 상처를 입혔다. 그 대신 그는 다른 이점이 있었다. 바로 70년 간의 경험이었다. 이것은 물론 최고의 투자자 학위에 해당된다.

이 투자자 학위를 따기 위해 투자자는 무엇을 알아야 하는가?

아는 것이 아니라 이해해야 한다. 증권 시장의 지식은 도서관과 컴퓨터에서 찾을 수 있는 대차대조표, 시세, 배당금, 사업보고서 등을 다 잊어 버리고 남는 그 무엇이다. 중요한 것은 살아있는 백과사전이 되어야 하는 것이 아니라 제때에 그 많은 연관 관계를 이해하는 것이다. 투자자는 움직임을 포착하는 일종의 레이다 망을 가지고 있어야 한다. 요컨대 투자자는 생각하는 사람이어야 한다. 항상 지금 일어나는 일을 세계적인 시각으로 생각해야 한다. 통계와 수치에 대해 부정확할 때가 종종 있어도, 생각하는 투자자에게는 전혀 장애물이 아니다. 세상과 사람을 잘 아는 사람은 전등을 들고 다니며 아이디어와 조언을 찾을 필요가 없다. 아이디어와 조언은 스스로에게서 온다. 탈무드에 나오는 학생처럼 말이다.

“나는 대단한, 그리고 올바른 대답을 발견했다. 이제 이에 맞는 질문을 찾아내면 된다.”

자본가는 손익계산서를 정확히 분석하고 거래를 해야 하지 않는가, 그렇지 않으면 실패할 수도 있지 않는가?

자본가는 자신이 관계를 맺고 있는 기업에 대해 많이 알아야 한다. 하지만 자본가와 투자자는 다른 개념으로서 서로 혼동하지 말아야 한다. 자본가는 자신이 투자를 한 사업에 깊이 관여한다. 그는 경영을 통제하고 합병을 계획하고 새 산업으로 진출하고 트러스트를 만들며 분주한 삶을 산다.

자본가는 회사를 설립했기 때문에 필요한 자본을 만들기 위해 증권 시장으로 온다. 기업 경영권을 가지고 싶을 때도 증권 시장으로 온다. 그의 행동은 증시에 영향을 미친다.

투자자는 이 움직임을 수동적으로 관찰한다. 이 움직임은 투자자가 직접 일으킨 것이 아니다. 하지만 투자자는 이 움직임으로부터 이익을 볼 수 있다. 투자자의 도구는 모두 손만 뻗치면 닿는 곳에 있으며, 몇 개 되지 않는다. 전화, 라디오, 컴퓨터, 신문이 전부이다. 하지만 그에게는 비법이 있으니, 그것은 행간을 읽을 줄 안다는 것이다.

정보vs판단

비법에 관해 어떻게 생각하는가?

비법에 대한 내 생각은 아주 부정적이다. 가까이 하지 말라. 비법이라고 하는 것의 90%가 광고나 심지어 조작이다. 어떤 금융 그룹, 기관 혹은 신디케이트가 대중이 특정 주식을 사게 하기 위해 언론과 입소문을 통해 분위기를 띄운다. 그리고 시세를 점점 올린다. 대중은 미끼를 물고 산다. 매수로 인해 시세는 더 올라간다. 그러면 점점 더 많은 매수자가 나선다. 앞서 말했듯이, 계속 오르는 주식을 대중에게 파는 것보다 더 쉬운 일은 없다. 옛날 빈에서는 이를 가리켜 '토끼 털 깎기'라고 표현했다. 즉, 토끼를 집으로 유도해 와서는 털을 깎는 것이다. 대중은 쉽게 조작할 수 있고, 그런 조작은 주식 시장이 생긴 이래 죽 있어 왔다. 가장 오래된 주식 시장인 암스테르담에서도 이미 17세기에 그런 일이 비일비재했다.

대규모 유명기업이 적극적으로 추천하는 종목을 사야 할까?

아니다. 최대한 조심을 하라. 금융 기관이 주식을 팔고 싶으면, 은행이나 증권 회사를 통해 잘 아는 언론이나 증권 소식지의 추천 종목에 오르도록 하는 것이다. 이는 일종의 프로모션이다.

대규모 기관의 머니 매니저가 행하는 주식 매매 행위를 어느 정도 중요하게 여겨야 할까?

전혀 중요하게 여길 필요 없다. 이들은 대규모 물량으로 거래하기 때문에 주가에 영향을 미칠 수는 있으나 단기적으로 그럴 뿐이다. 어느 기관이 특정 주식을 대량으로 사거나 팔면, 이 때문에 며칠 동안 주가는 오르거나 내린다. 하지만 장기적으로는 아무 영향도 끼치지 않는다.

전문가의 추천은 장기적으로 어느 정도 중요하게 여겨야 할까?

중요하게 여길 필요 전혀 없다. 산업 분야나 기업의 전문가는 주식 시장의 생리를 전혀 모른다. 그들이 어떤 기업을 조사한 날, 그 날의 기업 상황은 알 수 있다. 하지만 어제 유효하던 것이 오늘은 유효하지 않을 수 있다. 주식 시장에서는 항상 새로 생각해 내야 한다.

기업 내부자의 추천은 어느 정도 믿어야 할까? 기업 내부자는 그 기업에 대해 가장 잘 아는 사람이 아닌가?

전혀 믿지 말라. 내부자는 자신의 회사와 제품, 발전 가능성에 대해서는 잘 안다. 하지만 자본 시장 전체와 자본 시장의 전개는 이와는 아무 상관이 없다. 그리고 내부자 정보 또한 항상 맞는 것은 아니다. 내 경험에 따르면, 회사 내부자가 추천하는 것과 거의 반대로 해야 한다. 내부자는 종종 대중을 혼란시키기 위해 일부러 틀린 정보를 흘린다. 내부자는 회사의 지분을 더 갖기 위해 주식을 사고 싶을 때, 주가가 떨어지도록 나쁜 소식을 흘린다. 혹은 지분을 줄이기 위해 주식을 팔고 싶을 때는, 주가가 올라가도록 일부러 좋은 소식을 흘린다.

그렇다면 사기 아닌가?

그렇게 말할 수도 있다. 하지만 증명하기는 어렵다. 누구나 어떤 사실에 대해 정확한 것을 몰랐으며 단지 의견을 제시한 것이라고 주장할 권리가 있기 때문이다.

경제 전문가와 경제학자들이 이후의 발전에 대해하는 말은 얼마나 믿어야 할까?

역시 크게 믿을 필요 없다. 최고의 경제학자도 주식 시장의 추세를 정확히 분석하지 못한다. 주식 시장과 경제는 이미 말했듯이 나란히 가지 않는다. 경제학 교수들이 주식 시장에 대해 하는 분석이 맞다면, 그들은 모두 부자여야 한다. 하지만 그렇지 않다. 거시 경제학자는 경제와 돈에 대해 모든 것을 안다. 하지만 돈을 가지고 있지는 않다. 볼테르가 이미 얘기했듯이, "돈을 버는 것보다 돈에 대해 글을 쓰는 것이 더 쉽다." 경제와 주식 시장은 다르다. 앞에서 대야 두 개로 설명했듯이, 경제 붐은 주식 시장에 불리하고 경제 불황은 주식 시장에 유리하다.

항상 그런가?

항상은 아니지만 대부분 그렇다. 경제와 주식 시장은 결국 연관이 있지만 나란히 가는 것이 아니라 시간차를 두고 진행된다. 대부분 주식 시장의 추세는 앞으로 다가올 경제 발전에 앞선다. 하지만 경제 호황 이후, 붐이 가라앉고 유동성이 많을 때 주식 시장이 호황을 맞을 수 있다. 돈이 풍부할 뿐만 아니라 이익이 많이 날 것이라는 기대감이 높으면 높을수록 그렇다.

그렇다면 경제학자들의 예측은 항상 틀린가?

아마 그렇다고 할 수 있다. 우연히 맞을 수도 있다. 하지만 설득력이 없다. 이에 관해 재미있는 예 하나를 소개하겠다.

1962년 초, 월스트리트와 세계 모든 증권 거래소는 폭락을 맞았다. 이는 어느 경제 전문가도 예측한 바 없는 것이었다. 거래량이 비교적 많은 스위스 증권 거래소에 매도 주문을 내고 하루가 지나도 아무 대답이 없을 정도였다. 몇 달 후, 주가가 바닥을 치고 어느 정도 안정이 되자 〈뉴욕 헤럴드 트리뷴〉(오늘날의 인터내셔널 헤럴드 트리뷴)은 경제 전문가들을 모아 토론회를 열었다. 경제 전문가들 중에는 비관적인 사람들도 있었고 낙관적인 사람들도 있었다. 그들은 열심히 토론을 했다. 끝나기 전에 사회자가 웃으며 이렇게 물었다.

"올해 말 다우존스 지수가 0000포인트 될 거라고 생각하십니까?"

그가 내세운 숫자는 그 날 지수보다 200에서 300포인트 높은 수치였다. 그러자 모두 한 목소리로 대답했다.

"말도 안 됩니다."

그런데 무슨 일이 일어났을까? 그 해 말이 아니라 몇 주일 후에 다우존스 지수는 그 수치에 도달했다.

비슷한 예를 하나 더 든다면?

미국 경제 전문지 〈비즈니스 위크〉(1979년 8월호)의 기사를 소개하겠다. 〈비즈니스 위크〉는 주식이 이제 투자 대상으로서 종말을 고했다고 썼다.

"누가 금융 자산을 소유하고 싶어하겠는가. 금, 은 혹은 여러 가지 유가물, 오리엔탈 양탄자, 중국 도자기, 금제품과 은제품, 부동산 등 손에 잡히는 것만이 투자 대상으로 유효하다."

이 주장은 한 마디로 웃기는 것이다. 그날 런던, 도쿄 등을 제외하고 월 스트리트에서만도 5천만 달러가 넘는 주식과 10억 달러가 넘는 채권이 거래되었다. 누가 이 많은 액수의 유가증권을 샀단 말인가? 주식과 채권이 팔렸다면 누군가 샀다는 말이다. 대답은 아주 간단하다. 낙관적인 사람들이 샀고, 비관적인 사람들이 팔았던 것이다. 부화뇌동파들이 팔고, 소신파 투자자들이 샀던 것이다. 흥미롭게도 이날 증권 시세는 바닥을 쳤다(그리고 금리는 최고 수준이었다. 다우존스는 800선이었다.) 그 후 월 스트리트뿐만 아니라 전세계 증권 시장이 점차 나아지기 시작했다. "아무도" 증권을 사지 않을 것이라는 주장이 얼마나 어이없는 것인가? 도대체 매수자는 누구였는가? 어떻게 〈비즈니스 위크〉 같이 진지한 경제전문지가 양탄자, 도자기, 오래된 총, 커피 분쇄기 같은 수집 애호물을 투자 대상으로 소개할 수 있는가?

수집애호품에 투자를 해서 이득을 본 사람도 많지 않은가?

맞다. 하지만 얼마 되지 않는다. 개인은 자신이 소장하고 있는 그림, 도자기 혹은 은이 오르면 좋아한다. 나도 그렇다. 하지만 이는 이론상으로만 가능하다. 첫째, 그런 물건을 팔려고 하면 여러 가지 복잡한 일과 어려움이 많고, 둘째, 진정한 수집가는 값이 얼마 나가든 수집물을 팔지 않는다. 자신의 보물과 헤어지기보다는 굶는 편을 택할 것이다. 유산으로 받은 물건은 물론 판다. 상속 받은 사람은 물건의 가치를 모르기 때문이다. 물론 수집가가 괴롭더라도 팔 수밖에 없는 경우가 때로 있기는 하다. 몇 년 전, 돈 잘 벌기로 유명한 베스트셀러 작가 로저 페이르피트는 파산을 막기 위해 자신의 에로틱 수집물을 경매에 부쳐야 했다. 젊은 남자와 사랑에 빠져 애인을 위해 수백만 달러를 썼기 때문에, 아주 희귀한 물건과 책을 경매로 팔아야만 했다.

하지만 일반적으로 투자에 대해 말한다고 할 때 이런 경우는 아예 말할 가치도 없다. 투자라고 하면 수십 억, 그보다 많은 숫자를 놓고 하는 것이다. 주식과 예술품을 투자 대상으로 비교하는 것은 정말로 웃기는 일이다. 둘은 아무 관계가 없다. 예술품도 주식처럼 가격이 오르내리고 통제할 수 없는 요소의 영향을 받는다면야 모르지만 말이다.

주가 차트에 대해서는 어떻게 생각하는가?
과거로부터 미래의 추세를 알 수 있는가?

나는 차트와 거리를 둔다. 하지만 너무 많은 거리를 두지는 않는다. 나는 차트 분석 결과가 좋다는 이유로 증권을 사지는 않는다. 하지만 어떤 경우에도 차트에 반해서 거래를 하지 않는다. 나는 최소한 6개월에서 12개월의 장기 차트를 즐겨 본다. 이때 개별 주식 차트만 보지 종합주가지수 차트는 보지 않는다.

병원의 의사도 환자의 건강 상태를 판단하기 위해 개별 환자의 열을 재면서 어떻게 변화하는지 관찰하지, 입원실에 있는 모든 환자의 열을 재서 평균을 내지는 않는다.

주가 차트는 의사가 만드는 개별 환자의 열 차트와 같다. 주가 차트는 지난 몇 주 혹은 몇 달 동안 상태가 어떠했는지 알려 준다. 이는 판단의 기초 자료가 될 수 있다. 차트는 또한 다른 방법으로는 알 수 없는 기업 내부자의 행위에 대한 정보를 주기도 한다.

지그재그로 올라가는 주식은 내부자(경영자, 대주주 등)가 해당 주식 소유분을 더 늘리려 하고 있음을 나타낸다. 이유는 여러 가지가 있을 수 있다. 이윤이 증가할 것임을 미리 알거나, 획기적인 신상품을 곧 시장에 내놓을 예정일 수 있다. 또 다른 집단이 그 기업을 인수하는 것을 막기 위해서일 수도 있고 단순히 그 기업에 대한 통제권을 강화하려는 이유일 수도 있다.

반대로 지그재그로 떨어지는 주식은 내부자가 자신의 지분을 줄이거나 혹은 완전히 팔고 싶어한다는 뜻이다.

두 걸음 올라갔다가 한 걸음 내려가고 또 두 걸음 올라갔다가 한 걸음 내려가며 지그재그로 올라가는 주식은 세력이 매수자가 너무 많이 붙지 않도록 주의하고 있음을 나타낸다. 주가가 어느 정도 올라가면 그들은 매수를 멈추고, 심지어 다른 사람들을 속이기 위해 약간 내다 팔기도 한다. 그리고 주가가 떨어지면 다시 사들인다.

반대의 경우, 즉 두 걸음 떨어지고 한 걸음 올라가고 또 두 걸음 떨어지고 한 걸음 올라가는 경우도, 파는 세력이 굉장히 조심스럽게 행동하고 있음을 보여 준다. 주가가 떨어지면 그들은 매도를 중지하고, 주가를 진정시키기 위해 약간 사들이기도 한다.

앞서 말한 것처럼 어느 집단이 기업의 경영권을 손에 넣기 위해 주식을 사는 경우도 자주 있다. 그런데 어느 날 필요한 51%의 주식을 살 수 없다는 것이 확실해졌을 때, 이 집단이 경영권 없는 지분 참여에 관심이 없다면 이미 사들인 주식을 다시 판다. 그리고 이로 인해 주가는 곤두박질친다. 이런 경우는 정말 흔히 있다. 순진한 대중은 주가가 급등하다가 순식간에 급락하는 이해할 수 없는 현상을 망연자실하게 바라볼 뿐이다.

또 새겨둘 만한 것은 개별 주식의 차트가 시장 전체와는 반대 방향으로 진행되는 경우다. 이때 차트는 내부자의 거래가 어떤지 드러낸다. 시장 전체가 오르는데, 그 주식은 떨어지는 차트라면 나는 매수하지 않는다. 반대로 시장 전체의 추세는 떨어지는데 그 주식만 올라가는 차트라면 이는 특히 좋은 신호다. 하지만 나는 차트만 좋다고 해서 그 주식을 사지는 않는다. 차트가 좋은 것만으로는 충분하지 않다.

차트에서는 또 다음 사항을 관찰할 수 있다. ('관찰'이지 '해석'이 아님을 강조한다.) 지그재그로 상승하는 어떤 주식이 특정 수준에서 저항선이 형성되면, 즉 주가가 종종 이 수준까지는 뛰어오르지만 그 이상은 뚫지 못하고 다시 떨어지면, 이는 그 수준에서 어떤 이유로든 대규모 주식 매물이 시장에 나온다는 뜻이다. 브로커는 특정 주가에서 주식을 팔아 달라는 위탁을 받는다. 그러다가 주가가 저항선을 뚫고 올라가는 때가 온다. 이는 매물이 다 팔렸고 새로운 것이 나오지 않음을 의미한다.

반대로 어떤 주식이 지그재그로 떨어지는데 어떤 수준 밑으로는 내려가지 않고 올라갔다가 다시 그 자리로 떨어진다면, 이는 어떤 집단이 주식 보유자의 패닉을 막기 위해 일부러 주가를 관리하고 있다는, 다시 말하면 개입을 하고 있다는 의미이다. 그러다가 어떤 시점이 되어 주가가 지지선을 뚫고 떨어지면, 이는 개입하고 있는 그 집단이 더 이상 주식을 살 돈이 없거나 더 이상 살 의향이 없어 주식을 사지 않기 때문이다.

또 한 가지가 있다. 주가가 급속도로 하락한 후 한참 동안 낮은 수준에 머물러 있으나 나쁜 소식과 사건이 있어도 더 이상 떨어지지 않으면, 이는 내부자가 이미 그 기업이 회생의 시점에 와 있음을 알고 있다는 표시이다. 주가는 서서히 다시 올라가기 시작한다. 그러면 이 분석이 옳다는 것이 확인된다.

수천 명의 차티스트가 있기 때문에 이들이 주가 변동을 일으키기도 한다. 그들의 이론에 따라 특정한 신호가 나오면 그들은 사거나 판다. 이렇게 해서 주가 변동이 생긴다. 하지만 이것은 아주 단기간 그러다가 사라진다.

'찻잔 받침 모양,' '어깨 머리 어깨 형' 등 차트의 모양으로 중대한 결정을 내리는 것은 넌센스라고 생각한다. 이런 표시는 아주 단기적으로 거래하는 데이 트레이더에게만 소용이 있다. 나는 한평생 살면서 차트 시스템을 기초로 거래를 하는 사람들을 많이 보았지만, 그들 중 결국 돈을 잃지 않은 사람은 보지 못했다.

요컨대 차트는 관찰할 필요가 있긴 하지만 차트를 기초로 중요한 결정을 내리거나 무조건 따라서는 안 된다. 차트는 주식의 과거를 명확하고 이해하기 쉽게 보여 준다. 미래를 알려면 과거를 알아야 한다는 중국 속담처럼 주식의 과거는 알 필요가 있다.

내부자 정보에 대해서는 어떻게 생각하는가?

내부자 정보에 대해서는 말이 많다. 나는 이미 50년 전에 내부자 정보의 가치가 어떤 것인지 배웠다.

나는 어느 회사 직원이었는데, 그 회사 고객 중에는 프랑스 자동차 사업가인 앙드레 씨트로엥의 장인이자 전직 은행가인 지그노어 빙엔이 있었다. 그는 우리 회사를 통해 씨트로엥 자동차 주식을 계속 샀다. 주가는 천천히, 하지만 확실히 상승했다. 씨트로엥 주식에 대해 이 사람만큼 정보를 갖고 있는 사람이 어디 또 있겠는가, 나는 이렇게 생각하며 내가 가진 돈 범위 내에서 씨트로엥 주식을 샀다. 그런데 6개월 후 씨트로엥은 파산했다. 6개월 전에는 50프랑의 배당금을 주던 회사가 말이다. 파산 후에는 만기가 된 외환부채도 지급을 못할 정도였다. 이는 정확히 내부자 정보라고 할 수는 없지만 크게 보면 그와 비슷한 것이다. 회사는 파산하고 앙드레 씨트로엥은 가난하게 죽었다.

후에 알게 되었지만 이는 기업이나 제품의 질에 하자가 있어서 생긴 결과가 아니었다. 씨트로엥 자동차의 품질은 오늘날에도 세계 수위에 꼽히니 말이다. 이는 앙드레 씨트로엥의 품성과 관련된 것이었다. 그는 프랑스에서 가장 재능 있는 사업가였다. 상상력이 뛰어나고 낙관적이었다. 그는 대규모 대출을 받아서 사업을 했는데, 나쁜 채권자를 고른 것이 불행이었다. (나는 가끔 채권자에게 채무자가 어떤 사람인지보다 채무자에게 채권자가 어떤 사람인지가 더 중요하다고 생각한다.) 씨트로엥은 노름을 아주 좋아해서 주말에는 도빌에서 바카라 게임을 했다. 씨트로엥에 돈을 빌려 주었던 두 개의 대규모 개인 은행은 이 사실을 알게 되자 갑자기 대출을 끊어 버렸다. 그리하여 번창하던 회사가 위기에 몰리게 되었던 것이다.

사위를 그저 높게만 평가하던 장인 지그노어 빙엔은 이런 일이 있으리라고 예측할 수 없었다. 그러니 내가 어떻게 예측할 수 있었겠는가? 나는 얼마간의 손실을 감내해야 했다.

후에 나는 내부자 정보와 관련해 양쪽을 다 경험했다. 65년간의 증권 인생에서 나는 내부자 정보에 따라 행동했기 때문에 두 번 이익을 보았고, 정확히 반대로 행동했기 때문에 두 번 이익을 보았다. 그리고 내부자 정보 때문에 손실을 본 예는 셀 수 없이 많다.

내부자 정보 때문에 큰 손실을 피하고 이익을 보았던 예는, 2차 대전 중에 뉴욕에서 독일군 점령 유럽 국가가 발행한 채권을 산 것이었다. 뉴욕 증권 시장에서 거래되는 덴마크 왕국의 채권이었다. 금리는 지불되고 있었으나 원금 상환이 가능할지는 의문이었다. "지불할 것인가, 하지 않을 것인가." 이를 놓고 덴마크 정부는 고민을 했다. 그것은 금리가 6%인 채권이었고, 증권 시장에서는 명목 가격의 60%로 거래되고 있었으며 6개월 후 100% 원금을 지불하기로 되어 있었다. 이렇게 조건이 좋은 채권을 그렇게 싸게 살 수 있다니 정상은 아니었다. 그리고 채무자는 덴마크 정부로서 미국 은행에 큰 금액의 달러를 보유하고 있는 상대였다.

나는 30:40으로 이 채권을 샀었다. 6개월 후면 창구로 가서 100%를 다 받을 수 있는데 왜 당시 시세인 60:70에서 팔겠는가? 금융의 세계에서는 모든 것이 가능하고 투자자의 입맛은 끝이 없다.

그때 나는 르네 드 부르봉 파마라는 이웃을 알고 있었는데 그는 덴마크 왕의 사위였다. 나는 그에게 사례금을 주면서 워싱턴으로 가서 그의 지인인 덴마크 대사를 만나 덴마크가 1941년 12월 1일자로 이 채권을 지불할 것인지 아닌지 알아봐 달라고 부탁을 했고 그는 이 부탁을 받아들였다. 약속한 날, 약속한 시간(정확성은 왕들의 예의이다) 워싱턴에서 그가 전화를 했다.

"채권 지급을 하지 않을 것이랍니다."

이 채권의 원금을 지급하지 못할 정도로 달러가 없는 것은 아니었으나 이를 지급하고 나면 유통 중인 채권의 금리도 줄 수 없다는 것이다. 6% 채권에 대한 금리는 계속 지급되지만 원금은 지불하지 않을 것이라는 얘기였다.

이제 만기 한 달 전이었으므로 나는 덴마크 채권을 아주 유리한 가격으로 팔 수 있었다. 채권은 그 동안 올라서 90에 이르러 있었다. 나는 나아가 공매도까지 했다. 놀랍게도 시세는 그대로 유지되었다. 나는 왕자를 의심하기 시작했다. 하지만 얼마 가지 않아서 어느 날 〈뉴욕 타임스〉에 큰 기사가 실렸다.

"덴마크 정부는 채무자들에게 다음과 같은 소식을 전해 주게 되어 매우 유감스럽게 생각한다……."

나머지는 왕자에게서 들은 그대로였다. 채권은 40%로 떨어졌고, 나는 내부자 정보로 성공을 했다.

그 후 나는 다윗 시편 143에 나오는 "왕자를 믿지 말라"는 구절을 믿지 않게 되었다.

나는 채권, 특히 국채 투자에 사족을 못 쓴다. 거기에는 이유가 있다. 투자 계획을 세울 때는 모든 요소를 전부 고려하는데, 채권의 경우 주식보다 정보를 얻기가 훨씬 용이하다. 채권의 이론적 가치는 주식에 비해 정확히 계산할 수 있다. 영향을 주는 요소도 주식보다는 단순하다. 채무자의 신용도, 금리, 그 화폐의 미래 전망, 담보, 채권 계약 항목, 단기 대출을 위한 화폐시장 동향, 장기 대출을 위한 자본시장 동향, 국내외 정책의 영향, 국가채무자의 수입과 지출 등을 고려해야 하고, 이 밖에도 많은 요소가 있지만 어느 정도 통제할 수 있고 추적할 수 있는 것들이다.

그에 반해 어느 석유 회사의 주식 가치를 계산하는 일은 거의 불가능하다. 대차대조표와 사업보고서를 열심히 연구하고 분석한다 해도 마찬가지다. 심지어 대차대조표를 분석해서 잘못된 결론에 도달할 수도 있다고 주장하고 싶다.

국채에 대해 진단을 내릴 때는 결정적인 요소를 알아내기가 더 쉽다. 평화냐 전쟁이냐, 승리냐 패배냐, 혁명이나 사회적 평화냐, 국제수지, 무역 수지 등이 그런 요소들이다. 나아가 나는 긴급 채권 혹은 어려운 채권에 관심이 많다. 채무자의 상황이 나아지면 채권 수익률은 급등하기 때문이다. 2차 대전 중 미국의 철도 채권이나 2차 대전 후 독일과 일본의 채권이 그런 경우다.

전쟁 후에 나는 유럽이 다시 부흥할 것이라고 확신하고 있었고 그래서 전쟁의 결과로 바닥까지 떨어진 유럽 국가의 채권을 샀다. 벨기에, 노르웨이, 덴마크, 독일 채권 이외에 나는 프랑스 채권까지 샀다. 나는 혼돈의 시기가 지난 다음 모든 것이 정상화되리라고 확신했다. 어떤 나라는 빨리 채무를 갚았고 또 어떤 나라는 채무 이행을 결정하기까지 시간을 끌기도 했다.

상황은 내 낙관주의를 확인하는 방향으로 나아갔다. 모든 곳에서 이들 채권 값이 상승했다. 하지만 일부 프랑스 채권은 예외였다.

문제의 프랑스 채권은 1939년 전쟁 직전 암스테르담의 멘델스존 은행이 3.75%의 금리로 발행한 채권이었다. 정확한 발행 조건이 채권 뒷면에 완벽히 인쇄되어 있었다. 프랑스 정부는 전쟁, 혁명, 정부 전복 등 어떤 경우에도 스위스 프랑켄, 네덜란드 굴덴, 달러 등 채권 소유자의 요청에 따른 화폐로 금리와 원금을 지급한다고 보증했다. 지진이 나도, 번개나 홍수가 있더라도 프랑스 정부는 제네바, 암스테르담 혹은 바젤의 BIZ 은행에서 지급을 하겠다고 보증했다.

그런데 휴전 협정에 서명하자마자 프랑스 정부는 이전의 약속을 모두 번복하고 프랑스 프랑으로만 그것도 당시 확정된 환율로 지불하겠다고 말했다. 당시 확정된 환율은 외환 통제 경제 때문에 국제 시세의 10%밖에 되지 않았다.

그리하여 제네바와 암스테르담에서 이 채권은 원래 가격의

10~20%까지 떨어졌다. 나는 프랑스 정부가 서명한 채권은 금과 같은 가치가 있다고 믿었었다. 프랑스는 이전에 채무를 갚지 않으려고 한 적이 없었다. 미국이나 영국도 넣지 않은 조항을 맹세한 유일한 나라가 아니었던가? 그래서 나는 대량의 채권을 샀던 것이다. 나는 상황이 나아지면 프랑스 정부가 금리와 원금을 스위스 프랑켄, 굴덴 혹은 달러로 지불한다는 공식적인 책임을 다할 것이라고 믿어 의심치 않았다.

그래서 나는 프랑스 재무부를 찾아가기로 결심했다. 한 고위 공무원이 나를 맞았다. 나는 이렇게 말했다.

"저는 월스트리트의 프로 투자자입니다. 제 전공은 유럽 국채입니다. 저는 유럽 채무국들을 신뢰했기 때문에 전쟁 중, 그리고 전쟁 후에 유럽 국채를 사들였습니다. 저는 낙관주의 속에서 상황이 나아지면 프랑스가 채무를 지급할 것이라고 생각했습니다. 모든 유럽 채권이 다 지불되었습니다. 공산주의 국가들의 채권도 합리적으로 조정되었습니다. 다만 하나, 프랑스가 발행한 3.75%짜리 멘델스존 채권만 지불을 받지 못하고 있습니다. 아마도 그 조항을 아실 것입니다. 어디서든 스위스 프랑켄, 굴덴, 달러로 지불하겠다는 조항 말입니다."

그러자 상대방이 말했다.

"물론 그렇습니다. 하지만 지금 상황을 아시지 않습니까? 상환 의

지가 없는 것이 아니라 외환이 없습니다."

"저도 압니다. 하지만 한 가지 가능성이 있다고 생각합니다. 이 점에서 저를 도와 주실 수 있을 것입니다."

"말씀하십시오."

"채권 전체 가치를 폐쇄 프랑으로 계산해서 주십시오. 그러면 이 프랑으로 프랑스와의 거래에 사용할 수 있으니까요.(예전에는 외환 거래에 그런 폐쇄 프랑이 있었고, 자유시장에서 정상적인 공시가의 5~10% 밑으로 거래되었다.)"

나는 월 스트리트에는 이 프랑을 살 사람이 있다는 것을 알고 있었다. 프랑스 재무부는 외환을 지출하지 않아도 되고 나는 명목 가치의 90%를 받을 수 있으니 거래는 아주 흥미로운 것이었다.

"동의하겠습니다. 마땅한 제안인 것 같습니다. 그 채권을 얼마나 갖고 계십니까?"

그가 물었다.

나는 내가 가지고 있는 것보다 많은 수치를 댔고 그는 동의했다.

나는 재무부를 나오자마자 우체국으로 가서 취리히의 율리우스 베어 회사에 있는 내 친구 에른스트 갈에게 전화를 해서 내가 살 수 있는 만큼 3.75% 채권을 사달라고 부탁했다. 동기는 분명했다. 프랑스재무부가 90%의 가치를 인정한다면, 투자자에게는 여기에 분명 10~30% 혹은 더 많은 가치가 플러스된다.

이 일은 사실로 실현되기에는 너무 멋진 일이었나 보다.

나는 다시 한 번 나 자신의 격언이 맞음을 확인했다. 증권 시장에서는 모든 일이 가능하다는 것. 일년 후 프랑스 정부는 이 채권을 채권자의 희망에 따라 스위스 프랑켄, 굴덴, 달러로 지불하겠다고 발표했다.

이제 내부자 정보에 정확히 반대로 행동했기 때문에 이익을 본 경우를 얘기하겠다.

60년대 나는 역시 친구 에른스트 갈로부터 취리히 증권 시장에서 모리츠 회사의 주식을 160프랑켄에 사라는 추천을 받았다. 그는 이 주식에 대한 내부자 정보는 모르고 있었으나 시장을 잘 아는 사람으로서 뭔가 긍정적인 것이 진행되고 있음을 감지했다. 나는 내 친구의 감을 믿지만, 그 주식에 대해 더 알고 싶었다. 그래서 이 회사를 잘 아는 조오지 헤레일이라는 다른 친구에게 물어보았다. 그는 모리츠 회사의 핵심인 라샤펠이라는 종이 공장의 사장이었다. 모리츠 회사는 다만 종이를 보유하고 있는 회사였다. 그런데 그의 정보는 충격적이었다. 이 주식의 내재 가치는 많아야 40프랑켄(이는 상승이 시작되기 전인 1년 전 시세였다)밖에 안 된다는 것이었다. 그는 지금의 시세인 160에서 즉시 팔라고, 그리고 어떤 경우에도 사지 말라고 권고했다. 그의 예의 바른 1급 내부자 정보에 근거해 나는 모리츠 주식을 160/170 프랑켄에 사기로 결정했다. 나는 이미 내부자 정보와 관련해 경험을 했기 때문이다. 나는 여섯 달 후에 모리츠 주식을 1600 프랑켄에 팔 수 있었다. 주식은 1800에서 영국 기업인 보워터에게 인수되었고 쥐리히 증권 시장에서 사라졌다.

그제서야 보워터가 주식을 40에서 1800까지 올려놓은 장본인임이 드러났다. 보워터는 경영권을 얻고자 했다. 내 친구 헤레일이 내재가치와 관련해 한 말은 옳았다. 뼛속까지 투자자인 친구 갈 역시 뭔가 심상치 않은 것이 진행되고 있음을 감지한 것은 옳았다. 바로 라샤펠의 경영권에 대한 싸움이 진행되고 있었던 것이다. 이는 헤레일도 알 수 없는 것이었다. 후에 그는 자신도 몰랐다고 말했다. 은행이 비밀리에 거래를 수행했기 때문이다.

이번에는 내부자 정보와 관련해 큰 돈을 잃은 경우를 두 가지 소개하겠다.

2차 대전 전인 30년대에 세인트 모리츠에 있는 팰리스 호텔에서 나는 유럽 최강의 재력가이자 멘델스존 은행의 행장인 프리츠 만하이머 박사가 전 세계 증시에서 로열 더치 주식을 대량 사고 있다는 전보를 우연한 기회에 보게 되었다.

그런 정보를 받고 이용하지 않기에는 유혹이 너무 컸다. 나는 내가 가지고 있던 주식을 모두 팔아서 모은 돈을 털어 로열 더치 주식을 샀다. 그런데 이는 완전히 잘못된 것이었다. 내가 산 후 시세는 계속 내려가서 나는 전 재산을 거의 다 잃었다.

다음 경우도 마찬가지다. 한번은 옛 친구 아드리엥 페켈과 점심을 먹고 있는데 그가 프랑세즈 드 페트롤 회사의 사장을 만나 흥미로운 얘기를 나눴다고 말했다. 그 사장은 프랑세즈 드 페트롤 회사의 주식이 1만 프랑(옛 프랑)이라니 너무 높다고 얘기했다는 것이다.

나는 이때 이미 이 주식을 아주 많이 가지고 있었다. 나는 사장에게서 나온 정보를 전해 줘서 고맙다고 말하고 다음 날 모든 프랑세즈 드페트롤 주식을 팔았다. 주가가 올라갈 때, 나는 심지어 공매도까지 했다. 그 후 프랑세즈 드페트롤 주식은 계속 올라 6만 프랑에 육박했다. 이번에도 나는 내부자 정보로 큰 손실을 보았다. 내가 내부자 정보와 관련해 겪은 수십 번의 경험이 모두 이런 식이었다. 예외는 아주 적었다.

매년 하는 사업보고서, 주주총회, 언론 발표 등이 한 기업의 발전을 가늠하는 정보로 충분한가?

아니다. 행간을 읽을 줄 알아야 한다. 그리고 모든 발표나 뉴스 후에 무슨 일이 진짜 숨어 있는지, 보도가 틀리지는 않은지, 혹은 최소한 믿을 만한지 생각해야 한다. 뉴스나 발표는 아주 비판적으로 심지어 회의적으로 분석해야 한다. 그 밖에도 언제 어디서 갑자기 위험한 경쟁자가 나타날지 알 수 없다.

대차대조표, 배당금 등에 대해 자세한 사항을 알아야 하는가?

세세한 것을 너무 많이 알면 전체에 대한 조망을 잃어버린다. 나무 앞에 서면 숲이 보이지 않듯이 말이다. 투자자는 적게 알되, 모든 것을 이해할 수 있어야 한다. 증권 시장에서 필요한 지식은 모든 세세한 것을 모두 잊어버리고도 남는 그것이다. 50년대에 미국 텔레비전에서는 증권 시장에 대한 프로그램을 방영했는데, 한번은 노인과 고등학생이 소개되었다. 이들은 신문, 책, 통계 등 모든 인쇄 매체에 쓰여 있는 것은 전부 다 알고 있었다. 하지만 이들 중 누구도 증권 시장에서 아주 작은 성공도 일궈내지 못했다.

1급 전문가들의 주식 분석에 대해 어떻게 생각하는가?

불행히도 이 부분의 경험은 내부자 정보 경우와 아주 비슷하다. 가장 전형적인 그리고 교훈적인 예로 펜 센트럴(Penn.Central)을 들 수 있겠다. 미국 철도 회사의 역사에서 이 펜 센트럴은 특별한 한 장을 기록하고 있다. 미국 철도 회사끼리의 투쟁, 정부, 노동조합, 사용자, 나아가 인디언에 대한 투쟁이 한 세기가 넘게 계속되었다.

세계 경제 위기의 결과 2차 대전 초에 70개의 철도 회사 중에서 54개가 파산했다. 남은 회사들도 재정적으로 아주 어려웠다. NYC(뉴욕센트럴)는 증시에서 보더 라인(국경선)이라고 불렀다. 국경까지 가기 때문이 아니라 항상 파산의 경계에 있었기 때문이다. 그런데 1939년 전쟁이 일어나자 단번에 철도가 호황을 맞았고 많은 투자자들이 전례 없는 이익을 보았다.

NYC 펜은 창립 이후 줄곧 파산의 경계에 있었다. 나는 30년 전 뉴욕 NYC 채권을 산 일을 아직도 생생히 기억하고 있다. 채권은 당시 명목 가치의 20~25%에 거래되었다. 파산의 위험은 매우 높았다. 우리는 이자가 지급될 것인지 아닌지 떨면서 기다렸다. 긍정적인 뉴스가 나오면 곧 시세가 올라갔다. 똑같은 게임을 우리는 이자가 지급되는 여섯 달마다 한 번씩 치루었다. 심장이 약한 사람에게는 적합치 않은 투자였다. 35년 후인 1970년, 월 스트리트의 투자자들은 똑같은 두려움에 싸여 뉴스를 기다리고 있었다. 정부가 펜 센트럴을 지원할 것인가 아닌가? 놀랍게도 대답은 처음에는 부정적이었다. 그리하여 파산의 경계에 있던 회사가 이제 파산으로 갈 수밖에 없었다. 한 해 전까지만 해도 87달러였던 주식이 하룻밤 사이에 13달러에서 8달러로 떨어졌다.

NYC 역시 전쟁 이후 1970년까지 여러 시기를 경험했다. 처음에는 시세가 서서히 오르더니, NYC와 펜실베니아 레일로드가 모든 어려움에도 불구하고 합병한다고 하니 더 빨리 오르기 시작했다. 그 이후 이 회사를 펜 센트럴이라고 부른다.

몇 년간 최고의 재정 전문가들이 모여 합병의 결과를 모든 부분에서 과학적인 근거 하에 알아내려고 연구했다. 차량의 수, 철도의 길이, 작업자들의 정치적 성향, 승객의 심리, 자재의 질, 수송 물건 등등 모든 사항을 정확하게 검토했다. 과학적 도구와 컴퓨터의 도움으로 철도 전문가들과 교수들이 합병으로 새로 만들어진 펜 센트럴 회사가 구조 조정 덕분에 1주당 7달러의 연 이익을 낼 수 있다고 계산해 냈다. 그런데 합병 이후 2년이 채 되지 않아, 이 예측이 잘못된 것임이 드러났다. 당기 이익은 1주당 7달러가 아니라 1주당 마이너스 4달러였다.

정부는 정치적인 이유로 이 회사가 보내는 구조 신호에 대응할 수가 없었다. 수십만의 소액 투자자들은 최고의 전문가들 덕분에 저축한 돈을 날려 버렸다.

펜 센트럴 사건은 금융의 역사에서 길이 기억될 것이고, 최고의 전문가들이 내놓은 재정 분석이 어떤 가치가 있는지 보여주는 좋은 증거가 될 것이다.

전문가 분석은 내부자 정보의 경우와 비슷하다는 말인가?

어느 정도 그렇다. 아무 가치가 없다. 엔지니어, 발명가, 기술자, 과학자, 재정 전문가, 심지어 기업 경영자도 주식 시세가 어떨지 진단하는 사람으로는 적당하지 않다. 이들은 시세가 너무 높은지 낮은지 판단할 수 없다. 이들은 너무 많이 안다. 너무 많이 알면 상상력에 제동을 걸기 때문에 증권 시장에서는 오히려 해롭다.

주가 이익비율(PER)에 대해서는 어떻게 생각하는가?

주가 이익 비율(PER)은 주식의 가치를 조금이라도 알 수 있는 유일한 방법이다. 같은 산업 분야의 두 주식을 비교하는 데도 유용하다. 예를 들어 미국 철강 산업에서 두 기업을 비교했을 때, 한 기업이 1:10, 다른 기업이 1:20이었다면, 전자가 후자보다 싸다는 결론을 내릴 수 있다. 이때 정말로 비교 가능한 두 기업을 비교해야 한다. 이 숫자가 아무 의미가 없을 때도 있다. 여러 가지 기술적 이유로 인해 이 격차가 몇 년간 지속될 수도 있기 때문이다. 모든 주식에는 다양한 영향 요소가 있기 때문에 자동적으로 계산해서는 안 된다. 증권 시장에서 자동적으로 되는 것은 아무것도 없다.

주가 이익 비율은 주로 자본 시장에서의 일반적인 수익률과 대중의 심리적 상태, 두 요소에 의해 결정된다. 한 분석가가 똑같은 주가 이익 비율을 한번은 높다고 평가하고 몇 년 후에는 낮다고 평가하는 경우도 있을 수 있다.

재미있는 예가 IBM주식이다. 70년대 월 스트리트 호황시에 IBM주식의 주가 이익 비율은 1:40이었다.

IBM에 대한 여론은 아주 긍정적이었으므로, 이 비율은 아주 높이 올라갔다. 사람들은 매년 이익이 10%씩 증가할 것으로 예측했다. IBM에 대한 기본적인 전제는 옳았다. 이익은 예상한 대로 흘러갔다. 그럼에도 불구하고 몇 년 후 주가 이익 비율은 1:7이 되었다. 첫째, 자본 시장의 수익률이 17~18%, 심지어 20%로 매우 높고, 둘째 대중의 심리가 아주 비관적으로 나아갔기 때문이었다. 1:40은 과하고 1:7은 모자라는 수치였다.

훌륭한 투자자의 임무는 과장의 상황을 믿지 말고 합의에 반해 행동하는 것이다. 증권 시장에서는 소수가 옳고 다수가 틀린 경우가 거의 전부를 차지한다.

주식 투자초보자도 "독자적으로 하라"는 모토에 따라야 하는가?

물론 완전 초보자가 혼자 독자적으로 하기는 어렵다. 초보자는 이 책을 잘 읽어야 한다. 그러고 나면 최소한 주식 시장이 어떤 곳인지 조금이라도 알 수 있을 것이다.

센세이셔널한 투자가능성이 있다고 예찬하는 틀린 예언자들로부터 어떻게 스스로를 보호할 수 있는가?

아예 집에 들여 놓지 말라. 그들이 전화를 하면 수화기를 내려 놓아라. 우연히 만나게 되면, 귀를 닫아라. 정말 여러 번 반복하건대, 증권시장에 예언자란 있을 수 없다. 그들은 예언자가 아니라 별을 보며 환상을 좇는 이들이다. 예측 불가능한 것을 예언할 수는 없다. 센세이셔널한 투자 가능성이란 거의 항상 사기이다. 여기저기에서 정신이 나간 상담사들이 인플레이션, 디플레이션, 폭락 혹은 어떤 위기에도 끄떡없이 이익을 볼 수 있다고 떠들어댄다. 이때는 몰리에르의 말을 인용할 수밖에 없다.

"대부분의 환자는 병 때문이 아니라 약 때문에 죽는다."

투자자에게 가장 위험한 것은 무엇인가?

반만 옳은 정보가 가장 위험하다. 반만 옳은 정보는 백 퍼센트 틀린 정보보다 더 위험하다. 반의 진실은 완전한 거짓말이기 때문이다. 틀린 정보를 접하면, 투자자는 비판적으로 생각을 한다. 틀린 정보는 놀랍거나 선동적인 것이 많기 때문에, 주의 깊은 투자자는 이것이 맞는지 틀리는지 체크해 본다. 가장 위험한 것은 옳은 정보를 잘못 해석하는 것이다. 이는 잘못된 생각의 결과이고 대상에 대한 지식이 모자라기 때문이기도 하다. 틀린 정보를 틀리게 해석하는 것은 좋은 결과를 낳을 수도 있다. 부정의 부정은 긍정이기 때문이다.

기업이 어떤 방법으로 증자를 통해 투자자를 속일 수 있는가?

여러 가지 방법이 있다. 대차대조표가 항상 백 퍼센트 옳지는 않다. 이미 말했듯이, 대차대조표는 최소한 분식 회계 처리를 한다. 증자를 계획하고 있는 기업은 대중에게 자사 주식을 매력적인 것으로 만들기 위해 주식 시세를 끌어올린다. 이런 조작은 항상 있었고 앞으로도 있을 것이다.

언론의 뉴스를 들을 때 투자자에게 가장 중요한 것은 무엇인가?

모든 뉴스와 사건이 중요하다. 정치가의 말 한 마디에서 추론을 이끌어낼 수 있다. 하지만 가장 중요한 것은 그 말, 뉴스, 사건 뒤에 숨겨진 진실이 무엇인지 알아내는 것이고 그 사건의 결과가 무엇인지 예측하는 것이다. 무엇을 숨기고 있는가를 읽어낼 수도 있어야 한다. 요컨대 뉴스는 회의적인 태도로 접근해야 한다.

신문의 주식 시장 기사는 어떻게 생각하는가?

주식 시장과 주식 시장의 추세에 대한 신문 기사는 아무 것도 말해주지 않는다. 글은 재미있다. "증권 시장은 오늘 비관주의자들의 매도로 약세를 기록했다. 한편 매수자들은 주가가 떨어지기를 기다리면서 매수를 자제하는 분위기였다. 매도 압력과 매수 자제의 분위기 속에서 주가는 몇 포인트나 떨어졌다." 이 글에서 내게 중요한 말은 오직 하나, 약세라는 것뿐이다. 나머지 말은 모두 자명한 것으로 불필요한 말이다. '약세'라는 말에 모든 것이 함축되어 있다.

과거의 사건을 분석하는 것은 중요하고 유용한가?

물론이다. 앞으로 다가올 일은 예측할 수 없으니 최소한 지나간 것이라도 이해해야 한다. 이는 미래의 사유를 쉽게 해준다. 모든 성공한 혹은 실패한 투자 후에는 그 성공과 실패를 분석해야 한다. 왜 투자가 옳았는지, 어떤 논리가 좋았는지, 얼마만한 운이 있었는지를 말이다. 혹은 반대로 왜 투자가 잘못된 것이었는지, 어떤 논리가 틀렸는지, 무엇이 틀린 생각이었는지 분석해야 한다.

선물·옵션&채권

상품 선물 거래에 대해서는 어떻게 생각하는가?

최근 몇 년간 독일에서는 상품 선물 거래로 환상적인 이익을 볼 수 있다는 신문 광고가 잇달아 등장했다. 영국와 미국은 이런 식의 광고가 금지되어 있다. 이 공격적인 광고를 보면 마치 적은 위험으로 빨리 부자가 되는 새로운 투자 방법을 발견한 듯한 인상을 받는다. 세계적인 수요의 증가와 인플레이션 투기 때문에 지난 70년간 원자재의 가격이 폭발적으로 인상되었고, 적절한 시간에 적절한 상품을 샀다가 팔면 돈을 벌 수 있었던 것도 사실이다. 하지만 새로운 것은 전혀 아니다.

상품 투자는 선물 계약 거래가 아니더라도 항상 있어 왔다. 역사상 최초로 대규모의 상품 투기를 한 사람은 이집트, 파라오의 재정 고문인 요셉이었다. 요셉은 풍년이 든 7년간 곡식을 사서 흉년인 7년 간 큰 이익을 남기고 이를 팔았다. 요셉 이후 농부, 상인, 산업가들이 여러 다양한 상품을 가지고 투기를 했다.

이런 거래는 기업과 상인이 원자재의 가격이 변동될 경우에 대비할 수 있는 가능성을 마련해 주므로 오늘날에 경제적인 의미가 있다. 예를 들어, 은제품 제작자가 원재료인 은을 살 때, 그는 만드는 중에 은 가격이 떨어질 위험을 안고 있다. 그리고 그 손실이 그가 제품을 팔아 남기는 이익보다 클 수도 있다. 그래서 동시에 같은 양의 은을 선물로 판다. 가격이 떨어지면, 실제 은을 사면서 입은 손해를 선물을 통해 만회할 수 있기 때문이다. 제분업자는 곡식, 면 방직업자는 면화, 등 그 회사에서 사용하는 원료를 가지고 모두 똑같은 거래를 한다.

농부가 매일 밀을 심은 들판을 바라본다. 그리고 날씨가 좋아 전국의 수확량이 많아지고 가격이 떨어질 것이라고 예상되면, 이후 실제로 자신이 수확할 것보다 더 많은 밀을 선물로 판다. 그는 밀을 실제로 그만큼 갖고 있지는 않지만 인도 날짜 바로 전에 싸게 구입할 수 있다. 한편 수확이 나쁠 것이라고 생각하면, 대량의 밀을 선물로 산다. 사실 그 자신이 밀 생산자이기 때문에 원래는 팔아야 하지만 그는 선물로 사는 것이다. 밀 제분업자가 밀 가격이 떨어질 것이라고 예상하면, 그는 밀을 사지 않고 오히려 판다. 이렇게 해서 보통의 상인이 투자자가 된다. 호로 루덴스(놀이하는 인간)는 쉬지 않고 놀이거리를 만들어낸다. 수많은 기업과 상인이 이런 투자로 파산을 했지만, 게임은 계속된다. 모두 자신의 분야에서는 누구보다도 상품을 잘 이해하고 있다고 생각하기 때문이다.

옛 독일 제국에는 함부르크에 커피, 마그데부르크에 설탕 선물거래가 있었으나, 경제에 해가 되기만 했다. 1889년 뮌헨의 상인 연합회회장은 이렇게 썼다.

"곡식이 선물 거래소에서는 하나의 노름으로 전락하고 말았다. 이런 목적으로 에이전트가 만들어져 투자욕을 일깨우고 선동한다. 이들은 모든 분야에서 고객을 찾아 다니며 영리한 몇 마디로 위험천만한 투자로 끌어들인다. 작은 금액은 대출도 해 주는데, 손실이 발생하면 메워야 한다."

상품 선물 거래소는 이미 백년 전에 행운의 게임장이 되었던 것이다.

지난 20년간 이 분야에서 벌어지는 일은 그야말로 넌센스이다. 중개인은 상품 선물 계약을 사고 팔면서 수수료를 받는데, 그 수수료는 아주 높다. 고객은 상품 선물을 잘 이해하지 못하지만, 적은 돈으로 큰 거래를 할 수 있다. 이런 배경에서 중개인은 수수료만 받아도 아주 성공할 수 있다. 노련하고 고객을 잘 잡는 중개인들은 때로 매월 4만 마르크 내지 5만 마르크의 수입을 올린다.

인플레이션 심리 덕분에 대중은 상품선물 거래에 쉽게 관심을 돌린다. 화폐 가치는 떨어지고 가격은 계속 오를 것이라는 광고 문안은 아주 유혹적이다. 은을 대상으로 하는 광고가 있었는데, 중개인은 고객들에게 헌트 신디케이트를 예로 들면서 은 가격이 천문학적으로 올라갈 것이라고 유혹했다. 가격이 온스당 5달러에서 50달러로 오르자 그들은 바로 500달러까지 오를 것이라고 예언했다. 그런 분위기에서 대중의 매수 의뢰를 따내기는 쉽다. 그러니 대중, 투자자, 노름꾼, 아웃사이더가 모두 80년대에 원자재 시장의 폭락으로 수십 억 달러의 손실을 본 것도 놀랄 일이 아니다.

나는 상품 선물 중개인이 사기꾼이라고 의심하지는 않는다. 하지만 나는 이 거래에서는 고객의 돈을 자신의 주머니에 넣으려는 중개인 자신의 이익만이 중요시 되고 있음을 알고 있다. 상품 선물 거래는 여러 곳에서 행해지고 있는데, 완전한 사기, 반 사기, 혹은 법적으로는 하자가 없으나 사실상의 사기 셋 중 하나이다.

매니저는 이익을 보고 고객은 손실을 본다. 그러니 매일 새로운 상품 선물 회사가 우후죽순으로 생기는 것도 놀랄 일이 아니다. 이미 알렉산더 뒤마 2세가 현명하게도 이런 말을 했다.

"큰 사업은 다른 사람의 돈으로 이루어진다."

100년 전부터 있어 온 또 한 가지 가장 자주 쓰이는 방법이 있다. 중개인이 고객에게 구리가 전망이 좋으니 구리 선물 계약을 하라고 권한다. 선물 거래에는 구리의 인도 날짜가 1월부터 12월까지 다양

하니 그 중 아무거나 고르면 된다고 말한다. 매달 구리 가격은 똑같은 폭만큼 올라가고, 매월 가격 차이는 항상 같다. 1월 인도 계약과 2월의 인도 계약 사이에는 2%의 가격 차이가 있는데 이는 창고 비용, 금리 등의 비용에 해당하기 때문이다. 중개인은 1월 인도 날짜의 구리를 100에 산다. 2월 인도 날짜의 구리는 102, 3월은 104, 그런 식으로 나간다. 중개인과 고객(특히 중개인)이 운이 좋아 구리 가격이 100에서 104로 올라간다. 이 가격이 되면 중개 수수료는 이미 번 것이다. 그리고 고객에게는 추가로 이익을 볼 수 있는 방법이 있다며, 1월 계약을 팔고 118의 가격에서 8월 계약을 사도록 권한다.

다시 운이 좋아 구리가 또 오르면 중개인에게는 새로운 수수료가 떨어진다. 이제 똑 같은 조건으로 8월 계약을 팔고 3월 계약을 사라고 고객에게 권한다. 그 다음에는 3월 계약과 9월 계약을 바꾸라고 권한다.

결과는 어떤가? 구리는 8개월 내에 50% 올랐다. 결국 처음 산 계약이 150이 되었다는 얘기다. 그런데 고객은 50포인트 대신 10포인트밖에 벌지 못했고 나머지 40포인트는 중개인의 수수료로 들어갔다. 이는 법적으로는 하자가 없지만 아주 특출한 사실상 사기의 좋은 예이다. 마지막에 가서야 고객은 자신이 가져가야 할 많은 이익이 중개인의 주머니로 갔음을 깨닫는다. 구리 가격이 떨어졌을 때 손실을 보는 것은 두말할 나위도 없다.

금지된 것도 아니고, 법에 위배되는 것도 아닌데, 고객은 사기를 당한다. 따라서 나는 모든 상품 선물 투자자에게 브로커나 중개회사 직원과 상담하지 말라고 권한다. 전문가라고 자칭하는 사람들도 일반투자자보다 아는 것은 없다. 어떻게 한 사람이 콩, 오렌지 주스, 플라틴 등 모든 원자재에 전문가일 수 있겠는가? 또한 자연은 항상 뜻밖의 일을 준비해 두니 이것도 명심하라. 한번은 플로리다에 있는 오렌지밭 전체가 얼어붙었고, 한번은 뜻밖의 불로 브라질의 커피 전체가 타버렸으며, 한번은 계란 생산이 뜻밖에도 두 배가 되었다.(당시 나도 많이 잃었다.)

컴퓨터 시스템, 전문가, 세계 챔피언, 이런 것은 순전히 허구이다. 그런데도 상품 선물의 유혹을 뿌리치지 못한다면, 그리고 요셉처럼 꿈에서 계시를 받았다면, 대규모 미국 브로커에 연락해서 오로지 자신의 아이디어(혹은 꿈의 계시)에 근거해서 결정을 내려라. 룰렛 게임을 하더라도 게임꾼 스스로 테이블에 앉아야 한다. 돈을 다른 사람에게 주면서 대신 게임을 하라고 해서는 안 된다.

하지만 내 조언은 이렇다. 선물 거래는 아예 쳐다보지 말라. 65년간의 내 경험과 수많은 동료들의 경험으로부터 결론을 내리자면 상품선물은 카지노의 룰렛 게임과 정확히 똑같다. 딸 수 있지만, 반드시 잃게 되는 게임이다.

주식 시장에도 위험천만한 게임이 벌어지고 있음을 나도 인정한다. 하지만 주식 호황 중에는 새로운 회사가 많이 생기고 회사의 자본 증가 기회도 넓어지는 등, 경제에 좋은 일이 생긴다. 하지만 상품 선물 거래의 호황이나 폭락 후에는 무엇이 남는가? 손실과 폐허와 중개인의 수수료만 남는다.

달러의 제로 본드에 대해서는 어떻게 생각하는가?

이 질문은 좀 순진한 질문이지 않은가 싶다. 좀 더 논리적으로 질문한다면, 내가 미국이란 나라 자체와 미국의 미래에 대해 경제적, 정치적인 면에서 어떻게 생각하는가일 것이다. 십년 혹은 수십 년에 걸치는 제로 본드에 투자하는 것은 미국과 달러가 어떤 방향으로 나아가는지에 따라 성공과 실패가 결정되기 때문이다. 이 질문에 대한 내 대답은 짧고 간단한다. 나는 완전히 긍정적으로 본다.

나는 일급 채무국이 만기가 되었을 때 제로 본드를 상환하리는 것에 추호의 의심도 없다. 다만 각각의 제로 본드의 질, 즉 해당 기업의 질을 별도로 판단해야 한다. 내 생각으로는 제로 본드는 가격이 괜찮다면 은퇴 후를 생각하는 사람이거나 딸의 혼수품을 장만하는 등 장기간 묶어둘 수 있는 자본을 운용하는 데 적합하다.

금리가 떨어질 것이라고 생각하면 소신파 투자자에게는 좋은 투자 수단이다. 지렛대 효과 덕분에 금리의 등락에 따라 채권가격 변동이 크게 나타나기 때문이다. 제로 본드는 선물 시장보다 덜 위험하고 옵션처럼 만기일에 좌우되지도 않는다.

백 퍼센트 자기 돈으로 제로 본드를 산 경우라도, 오랫동안 그만큼 돈 없이도 생활할 수 있는지 없는지 정확히 알아야 한다. 제로 본드는 시간적인 제한이 있는 것은 아니지만 기다리면서 폭풍을 견뎌낼 수도 있어야 한다.

신용으로 제로 본드를 살 수 있는가?

내 의견으로는 하지 말아야 할 일이다. 특히 스위스 프랑으로 대출받아서 사려는 생각은 하지 말라. 어렵게 모은 돈을 날릴 위험이 있다. 정말 경고하니 잘 받아들이기 바란다.

하지만 스위스 프랑의 금리가 낮으니 권할 만하지 않는가?

물론 게임이 성공할 수는 있다. 하지만 아주 황폐하게 끝날 수도 있다. 이에 대한 광고 문구는 완전히 잘못된 것으로 사람의 판단력을 흐리게 한다. 모든 위험을 알고 있는 사람이면 그렇게 해도 좋다. 하지만 그만큼 아는 사람은 광고가 필요 없다. 광고는 아무것도 모르는 초보자를 위험한 게임에 끌어들이기 위해 만든 것이다.

무슨 일이 일어나겠는가? 세계 어디에선가 어떤 사건이 터져서 매도가 파도처럼 밀려온다. 제로 본드 시장은 매우 좁다. 매도 시세와 이익이 나오는 시세 간의 차이는 평상시에도 큰데, 대량의 매물이 나오면 훨씬 더 커진다. 많은 투자자에게 이런 상황이 생길 수 있다. 시세가 떨어지거나 스위스 프랑에 비해 달러가 떨어지면, 스위스 은행은 보증금을 높일 것을 요구한다. 24시간 이내에 보증금이 더 들어오지 않으면, 은행은 채권을 시장에 내다 판다. 신용으로 채권을 산 사람은 어쩔 수 없이 낮은 가격에서 팔 수 밖에 없으며, 얼마 후에는 자기 손을 떠난 채권 값이 올라가는 것을 그저 보고만 있어야 하는 상황이 된다.

두 화폐 사이의 금리 차이를 이용해서 돈을 벌려고 했던 나와 내 친구들이 어떤 일을 겪었는지에 대해서는 책 한 권을 써도 모자란다.

옵션에 대해 어떻게 생각하는가?

이 질문에 대한 대답은 간단하지가 않다. 옵션 시장은 양당 체제로 되어 있기 때문이다(증권 시장 전체가 그렇긴 하다). 양당은 강세장 투자자와 하락장 투자자이고 각각에는 다시 옵션 매입자와 옵션 매도자가 있다. 따라서 강세장 투자자가 옵션 매입자가 될 수도 있고 옵션 매도자가 될 수도 있다.

먼저 어떤 당에 들어갈 것인가를 결정해야 한다. 60년 이상 나는 양당을 오가며 20년대, 30년대에 파리, 베를린, 취리히 등에서 수십만의 옵션을 거래했다. 당시는 월 스트리트 투자자도 옵션이 무엇인지 잘 모르는 때였다. 증시 프로들 가운데도 옵션 투자를 하는 사람은 거의 없었다. 반면 유럽에서는 옵션 거래가 굉장히 활발했다. 나는 때로는 따고 때로는 잃고 하면서 많은 경험을 했다.

옵션 시장은 거대한 카지노와 같다. 카지노이기는 하되 금융 시장에서 긍정적인 역할을 하는 카지노이다. 옵션 거래는 투자를 촉진하고 그로 인해 증시의 유동성을 키운다. 수천의 옵션 매입자가 있어서 주식을 기초로 옵션을 팔도록 유도한다.

나는 투자자들에게 조그만 철학적 분석을 해 주고 싶다.

옵션 매입자는 게임꾼이고, 옵션 매도자(발행자라고도 함)는 자본가로서 옵션 매입자가 돈을 내고 살 수 없는 혹은 사려고 하지 않는 주식을 사서 가지고 있는 모험가이다. 옵션 매도자는 이것을 가지고 게임꾼에게 상대적으로 짧은 시간에 급격한 시세 변동으로 돈을 딸 기회를 제공한다. 옵션 매도자는 게임꾼에게 등에 올라가서 게임을 하라고 부추긴다. 그 대가로 일정한 금액을 받는다. 이 돈을 옛날에는 '회환의 돈'이라고 불렀는데, 딱 맞는 표현이다. 옵션 매입자들이 옵션을 산 것을 후회하는 경우가 많기 때문이다.

경마나 룰렛 같은 고전적인 게임을 해 본 사람은 누구나 승산이 없는 말과 우승 후보인 말을 안다. 옵션 매도자는 경마의 우승 후보인 말에 해당된다. 원칙은 똑같다. 돈을 딸 확률이 크면 클수록 금액은 작고, 확률이 적으면 적을수록 금액은 크다. 주식 옵션에서는 위험과 이익의 관계가 조금 달라서, 주식의 질에 많이 달려 있다. 하지만 오랫동안의 경험으로 느낀 바에 의하면 본질은 다르지 않다. 막대한 광고에 의해 옵션 거래에 넘어간 투자자 대부분은 그런 경험이 없다.

심지어 조언을 하는 전문가들조차도 경험이 없다. 광고 문구는 사실상 사기이다. 광고를 만든 사람들은 옵션 투자로 100%, 혹은 심지어 300% 이익을 얻을 수 있다고 약속한다.

하지만 옵션 거래에서는 '투자'라는 말 자체가 사기다. 왜냐하면 옵션은 투자가 아니라 게임이기 때문이다. 룰렛 게임으로 두 배, 혹은 심지어 36배 딸 수 있는 것과 마찬가지다. 룰렛 게임꾼이 하루 오후 앉아서 세 배를 땄다고 자랑하는 것이 넨센스이듯이, 옵션으로 100% 이익을 얻었다고 자랑하는 것은 웃기는 일이다. 나 자신, 윈스턴 처칠이나 옛 스웨덴 왕 구스타프 5세가 몬테카를로에서 룰렛 게임을 할 때 옆에 있었다. 그들이 돈을 따자, 주위에 있던 사람들은 모두 박수를 쳤다. 하지만 그것은 단지 나이든 그들을 기쁘기 해 주기 위해서였다.

물론 추세를 정확한 시점에 잡는다면 옵션 매수로 큰 이익을 얻을 수 있다. 즉, 상승이 시작되기 바로 전 시점을 잡는다면 말이다.

옵션 매수의 가장 큰 위험은 만기가 정해져 있다는 것이다. 옵션에서는 다섯 중 넷은 돈을 잃거나 아무 소득도 없거나 한다. 다섯 중 하나만이 돈을 딴다. 왜냐하면 옵션 거래에서 주식은 정해진 날짜까지 변화 없음, 약간 하락, 크게 하락, 약간 상승, 크게 상승의 다섯 가지 가능성밖에 없기 때문이다.

앞의 네 가지 경우, 투자자는 왜 잃어버린 돈을 '회환의 돈'이라고 하는지 알게 된다. 정해진 기일에 시세가 많이 올라야만 옵션 투자는 할 만한 가치가 있다. 나는 누구에게도 옵션 투자를 하지 말라고 하지는 않는다. 하지만 미국 증시 감독 위원회의 통계에 따르면 옵션 매입자의 80%는 돈을 잃는다. 주가 상승이 만기일 하루 늦게 오더라도 매수자는 모든 돈을 잃는다. 이 경우, 추세는 정확히 읽었지만 게임은 틀리게 한 것이다. 전략은 옳았지만 전술은 틀렸다. 매수자가 잃는 돈은 매도자의 차지가 된다. 옵션 매도자가 큰 은행이나 보험회사 등인 것은 우연이 아니다. 이들 금융기관은 대량의 주식을 가지고 있어서 이를 기초로 끊임없이 옵션을 판다. 월 스트리트에 있는 어떤 이는 최대의 옵션 매도자를 바티칸이라고 했다. 옵션을 계속 매도

하면 매도자는 일년에 자동적으로 20~25%의 수익률을 올리게 된다. 자동적이라는 의미는 다음과 같다. 옵션 발행자가 옵션 가격을 받았지만 실제주식을 넘기지 않아도 되면, 곧장 다음 만기일을 정해 옵션을 또 판다. 하지만 주식을 옵션 매입자에게 넘겨주어야 했다면, 이윤은 아주 적다. 이때는 곧장 그 주식을 다시 사서 바로 그에 대한 옵션을 만들어 판다. 이를 끊임없이 계속한다.

이런 얘기가 있다. 옛날 유태인 증권 투자자가 친구에게 물었다.

"기독교 신자들은 그 많은 돈이 어디서 나서 우리에게 옵션을 파는거지?"

기독교인들, 나아가 바티칸까지 오래 전부터 옵션을 배웠던 것이다. 옵션이 가치가 있는가 아닌가는 옵션 만기일(가장 중요함), 옵션 가격, 주가 시세, 옵션을 해지할 수 있는 시세, 주식의 역동성 등에 의해 결정된다. 아무리 강조해도 지나치지 않을 만큼 중요한 것은 옵션 이유가 증권이 아니라는 것, 주식이나 투자가 아니라 복권 같은 게임이라는 사실이다. 옵션을 사고 몇 달 후에 옵션에 넣은 돈을 몽땅 잃을 수 있다. 옵션을 자주 하다 보면 조금씩 피를 흘리고 마침내 쓰러지게 된다. 옵션 시장에 참여하는 사람은 자신이 무엇을 하고 있는지 정확히 알아야 한다.

주식과 옵션의 관계는 경마에서 경주용 말 선수단 소유자와 경마 경기에 비유할 수 있다. 경주마 선수단은 자본으로 생각할 수도 있다. 말이 이기면 수익을 가져다 주기 때문이다. 게임꾼은 경마에 돈을 걸고 이기거나 진다. 경주마 선수단은 상을 받고 그로 인해 말을 유리한 가격에 팔 수 있게 된다. 이때 얻은 이익은 주식의 배당금에 해당된다.

긴급 채권을 사도 될까?

긴급 채권은 가능성이 가장 큰 투자 대상 중 하나다. 물론 기업이든, 국가든, 혹은 지방자치 단체든 채무자가 다시 재정적으로 회복한다면 말이다. 모든 경우를 개별적으로 조사해 봐야 한다. 1차 대전과 2차 대전 직후에는 긴급 채권으로 큰 돈을 벌 수 있는 기회가 많았다.

2차 대전 후 특히 독일, 이탈리아, 일본의 채권을 산 경우 수익이 아주 좋았다. 물론 이들 국가가 전쟁 중 지불을 중단했던 금리를 다시 지급할 것인지를 비롯해, 누가 채무자인지, 국가, 지방 자치 단체, 재단 혹은 사적 기업인지도 명확히 해야 했다. 독일에서는 채무자가 동독에 있는지 서독에 있는지, 어떤 통화로 어떤 나라에 채권을 발행했는지, 채무를 이행하겠다는 특별 보증을 했는지도 확인해야 했다. 금이나 다른 보증이 있는 경우가 종종 있었다.

가장 큰 이익을 본 것은 독일의 5.5%짜리 채권이었는데, 1946년

250프랑(명목가는 1,000프랑)에서 4년 후에 35,000프랑으로 올랐다. 독일은 이 가격으로 채권을 회수했다.

어떻게 1,000프랑짜리 채권이 35,000프랑이 될 수 있었는가?

1930년 발행 이후 프랑스 프랑은 40년대까지 급격히 절하되었다. 아데나워 집권하의 독일은 독일의 신용을 올리고자 했다. 독일은 프랑스 채권 소유자에게 해를 끼치지 않고 금은 아니지만 최소한 달러로 가치를 회복시키려고 했다. 1930년의 1,000프랑은 전쟁 후 금리까지 합치니 35,000프랑에 해당했다. 하지만 이 채권 같은 대대적인 투자 성공은 증권의 역사에 그리 많지 않다.

맺음말

"이제 생각은 여러분의 몫"

이 책이 독자 여러분에게 주식 시장의 구조를 제대로 이해하는 데 도움이 되었기를 바란다.

나는 여러분에게 내가 알고 있는 원칙을 전해 주었다. 어떻게 행동해야 할지 생각하는 것은 여러분의 몫이다. 인생이나 주식이나 다른 사람에게 깊이 생각할 계기를 마련해주는 것보다 더 중요하고 유익한 일은 없을 것이다. 자기 머리를 쥐어짜느니 그보다 상담사나 주식 전문가, 혹은 언론을 따르고 싶은 마음이 굴뚝 같다는 것은 나도 잘 안다. 그래도 혼자 나름대로 생각해 보라. 그러면 거기에서 진정한 즐거움을 맛볼 수 있을 것이다. 마치 카드게임을 하는 사람이 어떤 카드를 내야 할지 스스로 결정해야 할 때 재미를 느끼는 것처럼 말이다. 프리드리히 대제는 "지식은 누구나 가질 수 있는 것이지만 생각하는 재주는 흔치 않은 자연의 선물"이라고 말했다.

많은 사람들이 주식 시장을 카지노와 다를 바 없는 곳으로 만들어 놓기는 했지만, 주식은 룰렛 게임이 아니다. 주식 시장은 음악 없는 몬테카를로가 아니라 나름대로 음악이 있으며, 수신용 안테나만 있으면 그 음악을 들을 수 있다. 일반적인 견해를 무시하고 투자를 해서 자신의 행동이 옳았음을 인정 받을 때보다 더 짜릿한 순간은 없다.

주식 투자는 눈속임 카드를 가지고 위험한 상대와 함께 하는 카드 게임, 규칙을 잘 알아야 하는 어려운 카드게임과도 같다. 증시는 예기치 않은 일과 판단 불가능한 일로 가득 찬 세계이므로 수학적인 조작과는 거리가 멀다. 또 모든 일이 순조롭게 이루어지더라도 그 성과는 직접적으로 나타나지 않는다." 주식에서는 2 곱하기 2는 4가 아니라 5 마이너스 1이다." 이것은 40년 전에 내가 고안해낸 방정식이다. 말하자면 결과는 항상 자신이 기대했던 것과 다르게 나타나고 나중에야 비로소 예상했던 대로 간다. 결국에는 논리가 승리를 거두기 마련이기에, "마이너스 1"의 결과를 기다릴 수 있는 인내가 있어야 한다. 하지만 이는 대단히 힘든 일이다. 투자자 가운데 10퍼센트만이 그 치명적인 "마이너스 1"을 극복할 수 있다. 투자자는 대부분 인내심, 돈, 혹은 확신이 부족하다. 그렇기 때문에 나는 주식을 해서 생기는(버는 것이 아니라) 돈은 "고통의 돈"이라고 늘 되풀이해 말한다. 먼저 고통을 겪고 나야 돈이 생기는 것이다.

사람들은 내가 80이 넘는 고령임에도 불구하고 여전히 활력이 넘치는 비결이 무엇인지 묻는다. 잘 알려진 것처럼 두뇌 운동이 최고의 비결이다. 주식 투자자인 나는 끊임없이 생각하고 또 생각해야 한다. 필요한 경우에는 심지어 나 자신과 논쟁을 벌이기도 한다. 그러면서 나는 매일 무엇인가를 배운다.

나는 10년 후 주식 시장이 어떤 모습일지에 대해서도 생각해 본다. 나와 같은 주식 투자자에게는 인생은 80세부터이기 때문이다.

KOSTOLANY

부록

- 코스톨라니 테스트_나의 투자유형은?
- 코스톨라니 어록

코스톨라니의 테스트

나의 투자유형은?

다음 테스트로 확정 금리의 증권에 투자하는 것이 나을지, 과감한 투자를 해도 좋을지 알아볼 수 있다. 아래 질문에 깊이 생각하지 말고 즉흥적으로 대답한 후, a)항과 b)항이 각각 몇 개인지 세어 본다. 평가방법은 그 다음에 나와 있다.

1. 휴가 계획을 언제 세우는가?

a) 수개월 전부터

b) 바로 직전에

2. 횡단보도의 신호등이 빨간 불인데, 차가 한 대도 오지 않는다. 어떻게 하겠는가?

a) 녹색 신호로 바뀔 때까지 기다린다.

b) 그냥 건너간다.

3. 하루 중 언제 기분이 좋은가?

a) 아침에

b) 저녁에

4. 접시에 특별히 맛있는 음식이 담겨 있다. 어떻게 하겠는가?

a) 맛있는 것을 맨 나중에 먹는다.

b) 맛있는 것부터 먹는다.

5. 그림을 선택할 때 어떤 기준에 따르는가?

a) 투자가치에 따라

b) 자신의 취향에 맞는가에 따라

6. 낯선 나라에 처음으로 오게 되었다. 어떤 식당에서 식사를 하겠는가?

a) 아는 사람이 권해 준 고국의 식당

b) 잘 모르는 이국 음식을 파는 식당

7. 파리에 갔다면 아내에게 어떤 선물을 사다 주겠는가?

a) 예전부터 애용하던 향수

b) 최신 유행하고 있고 자신이 좋아하는 새로운 상표의 향수

8. 비행기를 타고 갈 때 무엇에 가장 신경이 쓰이는가?

a) 안전과 편안함

b) 옆 좌석의 승객

9. 룰렛 게임을 한다면 어디에 돈을 걸겠는가?

a) 2분의 1확률(주사위가 빨강과 검정 가운데 어느 색의 눈금 위에 멎느냐에 거는 방법)

b) 0에서 36까지의 숫자

10. 집을 구할 때 어떤 점에 더 유의하는가?

a) 집 내부의 공간 배치

b) 주변 환경

11. 범죄영화를 보러 가는 길에 살인자가 누군지 알게 되었다. 어떻게 하겠는가?

a) 그래도 영화를 보러 간다.

b) 영화를 보러 가지 않는다.

12. 여러분이 다니는 회사가 다른 도시로 옮겨가게 되었다. 그럴 때 당신의 반응은?

a) 이사를 해야 한다는 것이 거리낀다.

b) 기쁜 마음으로 이사할 날을 기다린다.

13. 아내가 직장생활을 하는 것에 대해 어떻게 생각하는가?

a) 아내가 전업주부로 집에 있기를 원한다.

b) 아내가 직장에 다니기를 원한다.

14. 어떤 상황이 가정의 행복을 위해 더 바람직하다고 생각하는가?

a) 남편이 생활비를 꼼꼼하게 관리하고 아내는 돈을 잘 쓰는 편이다.

b) 남편은 분별없이 돈을 지출하는 반면에 아내는 절약하려고 애쓴다.

평가

a)항이 11~14개—안전제일주의

당신에게는 안전이 무엇보다도 중요하다. 불확실하면 아무리 새로운 것이라도 자극을 주지 못한다. 돈을 벌면 그 돈을 지키는 것이 최대 근심거리이다. 그러므로 당신의 투자전략은 확실하게 예견할 수 있는 결과를 가져오는 것이어야 한다. 비상금을 은행에 예치시켜 두고, 은행에 가서 정기예금 범위 내에서 투자할 수 있는 가능성에 대해 상담해 보는 것이 좋다. 공채증서 가운데 단기적인 것이 권할 만하다.

a)항이 6~10개—계산된 모험을 즐긴다

모험을 꺼리는 타입은 아니지만, 안전을 보장해 줄 만한 기본 여유자금이 필요하다. 당신과 같은 타입은 "철저히 계산된 모험을 하는 투자자"라고 할 수 있다(표시한 것이 10개에 가까울수록 모험에 뛰어들 태세를 갖추고 있는 사람이다). 이 타입에는 높은 금리의 중장기 공채나 수익성 높은 공채, 주식 가운데 '블루칩'이 유리하다. 다만 '블루칩'은 폭넓게 분산해서 매입하는 것이 좋다.

b)항이 11~14개—당신은 바로 투자자

전형적인 투자자 타입이다. 이 경우 자금을 유동적으로 쓸 수 있어야 한다. 다시 말해 장기간의 투자는 불리하다. 증시와 전 세계에서 일어나는 모든 일을 끊임없이 주시하고 즉각적으로 대처해야 한다. 많은 주식을 보유하고 있을 때도 있지만, 주식을 전혀 보유하지 않은 채 적절한 시기를 기다리기도 한다. 적절한 때를 기다리는 것이 불가능한 경우(그럴 시간이 없을 수도 있기 때문에)에는 차라리 재산을 은행에 넣어두는 편이 낫다.

각 문항에 대한 해설

1) 즉각적인 처리 능력은 투자자의 가장 중요한 덕목 가운데 하나이다.
2) 모험을 하기도 전에 미리 겁부터 내는 사람은 주식 근처에는 얼씬도 하지 말아야 한다.
3) 아침에 일찍 일어나자마자 피치를 올려 늦은 오후까지 체력을 다 소모하는 사람은 예기치 않은 일이 없는 하루를 살아야 한다. 그런 사람은 저축통장으로 만족해야 한다.
4) 배가 고프면 일단 먹고 보는 것이 투자자의 자세다. 맛있는 음식을 아끼면서 먹는 사람은 결국에는 자기 자본의 열매(이자)를 반드시 얻게 되는 안전한 느낌을 원한다.
5) 낭만주의자는 스스로 즐기기 위해 터무니없이 비싼 그림을 사들인다. 그런 사람이라면 과감하게 투자를 해도 좋다.
6) 이국적인 식당에는 예기치 않은 일이 기다리고 있어 투자자를 기쁘게 해 준다. 물론 그 예기치 않은 일이 유쾌하지 못할 경우도 있지만.
7) 자기 아내에게 새로운 향수를 선물할 엄두조차 못 내면서 돈이

왔다갔다 하는 주식에서 무엇을 바랄 수 있다는 말인가?

8) 투자자는 새롭고 흥미로운 관계를 맺게 되리라 기대하면서 사소한 위험이나 불편은 무시해 버린다.

9) 룰렛 테이블 앞에 서 있으면서 몇 푼의 돈을 날리는 것조차 아까워하는 사람은 그냥 계속 열심히 저축하는 편이 낫다.

10) 투자자는 가까이 있는 것과 실질적인 것에 별로 관심을 기울이지 않는다. 투자자는 아름다운 전망을 원한다.

11) 스릴이 없는 범죄영화는 투자자의 관심을 끌지 못한다. 그에 반해 예금하는 사람은 무엇이 자신을 기다리고 있는지(이자) 항상 정확히 알고 있다. 그러므로 이 사람에게는 끝이 어떤지 알고 있다 해도 상관이 없다.

12) 투자자는 쉽게 불안해 하지 않는다. 투자자는 이미 변화에 익숙하다.

13) 자기 아내가 집에 없는 것을 싫어하는 사람은 편안함을 가장 중요시한다. 그러나 주식은 편안한 것과는 거리가 멀다.

14) 투자자도 합리적으로 절약하며 살림을 꾸려가야 한다는 것을 알고 있다. 하지만 투자자는 다른 사람에게 기꺼이 그 일을 맡긴다.

어록

- 경제라는 것은 가르칠 수 없는 것으로서, 스스로 체험하고 살아 남아야 한다.

- 한번은 투자 상담사 두 사람과 동석하게 되었다. 그 가운데 한 사람은 하루종일 계약을 한 건도 성사시키지 못했노라고 투덜거렸고, 또 한 사람은 짭짤하게 챙긴 중개 수수료에 대해 자랑을 늘어놓았다. 듣고 있던 상담사는 "자네 능력이 좋아서라기보다 운이 좋았던 게지"하고 투덜거리며 비아냥거렸다. 그러자 큰 성과를 거둔 동료가 이렇게 대꾸했다." 하느님께서 언제나 능력보다 행운을 더 많이 주셨으면 좋겠네."

- 투자자는 재무 규정이나 법률 조항에서 간혹 발견되는 오자 내지 틀린 단어 덕분에 큰 이익을 보기도 한다.

- 주식에서 가장 유용한 표현은 다음과 같은 것들이다. '아마도', '바라건대', '가능하다면', '어쩌면', '그럼에도 불구하고', '그렇기는 하지만', '제 생각에는', '하지만', '일 것 같습니다' 등등, 모두 조건부적인 말이다.

- 아무리 바보라 할지라도 때로는 그에게서 주식 투자에 딱 들어맞는 무언가를 배울 수 있다.

- 채권자가 좋은 채무자를 찾는 것도 중요하지만, 채무자가 좋은 채권자를 찾는 것이 훨씬 더 중요하다.

■ 오늘날 금융 시장에 도사리고 있는 위험 요인은 너무나도 많은 돈이 그것을 다스릴 능력이 없는 사람의 수중에 들어가 있다는 사실이다.

■ 사람에게 필요한 것은 큰 자본이 아니라 지금 쓸 수 있는 돈이다. 그래서 어떤 사람은 큰 재산보다 주머니 속의 돈을 더 소중히 여긴다.

■ 낙천가는 주머니에 20원밖에 없어도 왕처럼 행동하는 사람이다. 비관론자는 금고에 돈이 넘쳐도 거지처럼 행동하는 사람이다.

■ "제가 보증합니다만…"이라는 표현을 자주 사용하는 투자 상담사가 많다. 하지만 그들의 말은 누가 보증할 것인가?

■ 세계적으로 유명한 헝가리의 작가 프란츠 몰나르는 주식에 관한 상식이 전혀 없음에도 불구하고, 공매도 투자자들에 대해 너무나도 적절한 정의를 내렸다." 구덩이를 파는 자는 다른 구덩이에 빠지기 마련이다."(이 말의 참뜻은 진정한 전문가만이 이해할 수 있을 것이다.)

■ 가장 완벽한 암거래상은 어떤 사람인가? 아마도 낯선 도시에 와서 제일 먼저 이렇게 묻는 사람일 것이다. "이보게들, 이곳에서 금지되어 있는 것이 무엇인가?"

■ "여러분, 금고가 텅 비었습니다."이 말보다 더 한 나라의 어려운 상황을 설명하는 말은 없다.

■ 은행직원이 어떤 제안에 "아니오"라고 대답하면, 그것은 "아마도"라는 뜻이다. 또 "아마도"라고 대답하면, 그 말은 "예"라는 뜻이다. 하지만 곧바로 "예"라고 대답한다면 결코 훌륭한 은행가라고 할 수 없다. 한편 투자자가 어떤 제의에 "예"라고 대답할 때, 그것은 "아마도"라는 뜻이다. 그리고 그가 "아마도"라고 대답하면 그것은 "아니오"라는 뜻이다. 만약 그가 금방 "아니오"라고 대답한다면, 그는 진짜 투자자가 아니다.

■ 나는 주식과 투자에 대해서는 대답을 해 줄 수 있다. 다만 그러기 위해서는 적절한 질문을 찾을 줄 알아야 한다.

■ 부자이지만 멍청한 사람의 경우에는 그가 부자라는 사실만이 사람들의 관심거리가 된다. 반면에 가난하고 멍청한 사람의 경우에는 그가 멍청하다는 것만 사람들의 입에 오르내린다.

■ 엔지니어는 음주 상태에서 일을 해서는 안 된다. 하지만 투자자에게는 술을 마시는 것이 어느 정도 심리적 압박감을 해소해 주기 때문에 도움이 될 수도 있다.

■ 부도난 회사의 주식이나 재정적으로 어려움을 겪고 있는 국가의 부채 같은 유가증권의 큰 장점이 한 가지 있다면, 벽장식으로 더할 나위 없이 잘 어울린다는 것이다.

■ 사람들은 나를 흔히 '주식 전문가'라고 부른다. 내가 그와 같은 찬사를 받아들인다면, 그것은 내일 주식이 어떻게 될지 알기 때문이 아니라, 오

늘 그리고 어제 주식이 어땠는지 알기 때문이다. 전문가라고 하는 사람이 그것조차 제대로 모르는 경우가 허다하기 때문에 그 정도 알고 있는 것만으로도 대단한 것이다. 더구나 그들은 뉴스가 주가를 좌우하는 것이 아니라 주가가 대개의 경우 뉴스가 된다는 사실조차 모르고 있다.

- 옛 격언에 의하면 주식 시장은 음악 없는 몬테카를로라고 한다. 하지만 나는 주식 시장이란 음악이 넘치는 몬테카를로라고 주장하고 싶다. 다만 그 음악의 멜로디를 알아들으려면 안테나가 있어야 한다.

- 투자 펀드에 아주 많은 돈이 몰리면, 그것은 상승의 제3단계가 곧 끝나간다는 징후이다.

- 빈 출신의 시인이자 보헤미안인 페터 알테베르크는 구걸꾼으로도 유명했다. 어느 날 그는 자신의 남동생에게 다음과 같은 편지를 썼다. "동생에게. 서둘러서 내게 1천 굴덴만 보내주면 고맙겠다. 내 돈은 모두 은행에 넣어두었기 때문에 돈이 한 푼도 없거든."

- 투자자에게는 그 사람이 실제로 원하는 것만 조언해 주는 것이 좋다. 비현실적인 이익을 약속하면 항상 실망이 따르기 마련이다. 막대한 이익을 볼 것이라고 하면서 투자를 하지 말라고 하는 것은 불가능한 일이다.

- 투자자는 깊이 생각하지 않고 행동을 취하는 것보다 아무 행동도 취하지 않고 깊이 생각하는 것이 더 낫다.

어록

■ 오랜 세월 주식에 매달려온 투자자에게 가장 불행한 일은 경험을 많이 쌓은 대신 대담성을 잃어버린다는 것이다.

■ 게임을 하는 사람에게 가장 큰 즐거움은 이기는 것이고, 그 다음으로 큰 즐거움은 지는 것이다. 왜냐하면 게임을 하는 사람에게 커다란 쾌감을 주는 것은 이기는 것과 지는 것 사이의 긴장감이기 때문이다. 지는 것이 없다면 긴장감도 없을 것이고, 그러면 당연히 즐거움도 없을 것이다.

■ 투자자라면 적어도 한번쯤은 결정적인 순간에 묘안이 번쩍 떠오르는 경험을 했을 것이다. 그 묘안을 이용하지 않는다면 다시 새로운 묘안이 쉽사리 떠오르지 않는다.

■ 투자자는 딸 수도 있고 잃을 수도 있다. 그러나 잃은 돈을 다시 딸 수는 없다.

■ 철저한 투자자는 시세가 서너 배로 오르리라 기대되는 주식만 매수한다. 그러다 주가가 열 배로 뛸 수도 있다. (나도 그런 경험을 여러 번 했다.)

■ 어떤 상인이 물건을 팔아 두 배의 이득을 보면, 사람들은 사기를 친 것이라고 말한다. 그러나 주식 투자자가 주식을 팔아 두 배의 시세차익을 얻는 것은 아주 정상적이라고 생각한다.

■ 바보들이 없는 주식 시장이란 과연 어떨까? 또 슈퍼컴퓨터가 모든 것을 알게 된다면 주식 시장은 어떻게 될 것인가? 이 두 가지 의문에 대한 나

의 대답은 이렇다. “주식 시장은 더 이상 존재하지 않을 것이다.”

■ “자네가 큰 행운을 얻어서 10만 마르크를 벌었다고 들었네. 이제 그 돈으로 무얼 할 작정인가?” “가장 큰 근심에 빠지겠지.”

■ 의지가 굳지 못한 사람은 증권 전문가를 상대하지 말라. 전문가들이 말하는 것이 부정적인 영향만을 끼칠 수 있기 때문이다.

■ 투자자에게 가장 큰 충격은 예감했던 것임에도 불구하고 엄청난 실수를 저지르게 되는 경우다. 그런 일이 일어나는 이유는 투자자가 다른 사람의 영향을 받았기 때문이다.

■ 유명한 작가 스탕달의 묘비에는 이렇게 적혀 있다. ‘그는 살아있는 동안 글을 썼고 사랑했다.’ 불운한 투자자의 묘비에는 이런 내용이 적힐 것이다. ‘그는 살아있는 동안 투자했고 다 잃었다.’

■ 호경기일 때, 특히 경기 과열로 인해 인플레이션이 나타날 때면 처음에는 부지런해야 하고 나중에는 현명해야 한다.

■ 상품, 부동산 등 눈에 보이는 것이라면 뭐든지 거래하는 상인이 있고, 다른 사람들이 간과하는 것만 거래하는 상인이 있다. 주식이나 유가증권처럼 다른 사람들이 가치를 간과해 버리는 것을 거래하는 주식 투자자 역시 후자에 속한다.

명언

- 금융 위기라는 말을 들을 때마다 나는 베니스에 체류했던 일이 생각난다. 베니스의 마르쿠스 광장은 저녁이면 물에 잠기고 아침이면 밤사이에 차 있던 물이 흔적도 없이 사라졌다. 마찬가지로 은행도 재정 상태가 일시적으로 '물 속에' 잠겨 있다가 잠시 후 회복하여 이전보다 높은 이자를 지급한다. 그 후에는 아무도 금융 위기란 말을 하지 않을 뿐 아니라 마치 아무 일도 없었던 듯 모두 잊어버린다. 그런 현상을 나는 지난 50여 년 동안 여러 번 체험했다. 파산, 즉 뱅크럽트(bankrupt)라는 말이 은행에서 유래한 것은 틀림없지만, 오늘날의 대규모 은행은 파산과는 전혀 상관이 없다. 채권자는 알고 보면 모두 다른 채권자의 채무자이며, 다른 채권자 역시 채무자이다.

- 몰리에르에 의하면 많은 것을 아는 바보는 아무 것도 모르는 보통 사람보다 두 배 더 멍청하다고 한다. 이 말은 특히 주식 시장에 딱 들어맞는 말이다.

- 정직한 채무자는 자신의 상속자는 실망시킬지라도 자신의 채권자는 절대 실망시키지 않는다.

- 주식으로 번 돈의 5분의 1은 투자자에게, 나머지 5분의 4는 브로커에게 돌아간다.

- 완전하게 교양을 갖춘 사람은 없으며, 반쪽 교양을 갖춘 사람만 있다. 모든 것은 그 반쪽 교양을 가지고 어떻게 하느냐에 달려 있다.

■ 주식 투자자는 모든 것을 잃을 수 있지만, 자신의 경험만큼은 결코 잃어버리지 않는다.

■ 조르주 클레망소는 '전쟁은 군대에 맡기기에는 너무 중요한 일'이라고 말한 바 있다. 그와 마찬가지로 경제는 교수나 경제학자에게 맡겨 놓기에는 너무나 중요한 것이다.

■ 증시에서 가장 위험한 것은 예기치 않게 닥치는 일이다. 그럴 때 마음의 평정과 객관성을 유지할 수 있는 주식 투자자는 매우 드물다. 증시가 혼란에 빠지는 것은 대중 심리에 그 원인이 있다. 누군가 어떤 문제를 발견하면, 아무리 하찮은 것이라도 걷잡을 수 없는 불길처럼 번져나가기 때문이다.

■ 증시에서 나타나는 대중 심리는, 한 사람이 하품을 하면 이어서 모두가 하품을 하고 한 사람이 기침을 하면 곧 모두가 기침을 하는 연극 공연장의 심리와 똑같다.

■ 많은 재산가들은 재산을 쌓기 위해 일생의 3분의 1을 보내고, 자신의 재산을 지키기 위해 3분의 1을 보내며, 그리고 나머지 3분의 1은 그 재산을 물려줄 방법을 궁리하느라 보낸다.

■ 기자와 주식 투자자는 똑같은 재료, 뉴스와 사건을 이용한다. 기자는 그 재료를 보도하고 투자자는 거기에 돈을 건다.

어록

- 증권 시장에서 일하는 직원의 메모장에는 많은 돈이 숨겨져 있다. 그 돈을 찾아내기만 하면 된다.

- 국가 파산? 금융 위기? 그에 대한 답변은 단 한 가지밖에 없다. "아무것도 아닌 것을 가지고 소란을 떠는 것."

- 인플레이션은 민주주의, 더 정확히 말하자면 선동 정치로 인해 치르는 대가이다. 그 어떤 국회도 인플레이션에 대처하기 위해 마땅히 취해야 할 엄격한 조치를 관철시키려 하지 않기 때문이다.

- 모든 주식 중개인은 자신의 지성이 변질되는 것 때문에 괴로워한다. 아무리 지적이고 정직하며 책임감 있는 브로커라도 계약과 중개 수수료에 대한 생각으로 스스로를 망가뜨리기 때문이다.

- 내가 1년간의 주식 동향을 예견한다면 다른 사람들은 그 해 내내 내가 헛소리를 했다고 생각할 것이다.

- 주식 시황이 강세인지, 약세인지는 주식 투자자의 입장에 의해 좌우된다. 같은 시세임에도 불구하고 어떤 사람은 강세라고 말하는가 하면, 또 어떤 사람은 약세라고 말한다. 자신의 개입 여부에 따라 보는 관점이 달라진다.

- 사람들은 주가 하락으로 인한 손실은 참아도, 주가가 상승할 때 참여하지 못해 놓친 이익에 대해서는 억울해 한다.

■ 자기 나름대로 주관을 세우고 결정을 내릴 능력이 없는 사람은 주식에 손을 대지 말아야 한다.

■ 아무 생각도, 자기 주장이나 의욕도 없는 주식 투자자는 룰렛 게임을 하는 사람과 조금도 다를 바 없다. 그런 투자자는 노름꾼에 지나지 않는다.

■ 다른 사람들이 대량으로 주식을 매수한다고 해서 주식에 대한 지식이나 정보가 더 많다고 생각해서는 안 된다. 그들이 대량 구매하는 이유는 너무나 천차만별이어서 어떤 결론을 내리는 것이 불가능하다.

■ 저녁에는 좋은 아이디어를 생각하고, 아침에는 비판적인 자세를 취하며, 점심에는 결정을 내려야 한다.

■ 주머니에 현금을 가지고 있으면서 시세가 낮을 때 주식을 사려는 사람은 배가 고파서 식당으로 가는 길에 느끼는 즐거움과 같은 기분을 가질 것이다.

■ 자기 생각이 확고한 투자자는 은행, 언론, 투자 상담사는커녕 친아버지도 믿지 말아야 한다.

■ 나쁜 소식이라도 진실된 것이라면, 좋은 소식이면서 허위인 것보다 더 낫다. 전자의 경우에는 내가 어떻게 해야 할지 알 수 있지만, 후자의 경우는 나를 잘못된 길로 이끌기 때문이다.

- 투자자들의 생각은 확고하지가 않다. 한 주식의 시세가 같음에도 불구하고 어떤 때는 너무 높게, 또 어떤 때는 너무 낮게 평가하는 등 객관적인 사고를 하지 못한다. 그런 경우는 투자자가 잠을 잘 잤는지, 혹은 어떤 통증이나 신경과민으로 시달리고 있는지의 여부에 의해 좌우될 때가 많다. 다시 말해 주식과는 아무 상관도 없는 이유 때문에 대부분의 투자자는 객관성을 유지하지 못한다.

- 결단력이 없는 주식 투자자에게는 언제나 시세가 이미 너무 높거나 아직 너무 낮다. 말하자면 투자하기에는 이미 너무 늦었거나 아직 너무 이른 것이다.

- 주식 시장은 사실 제목만 다를 뿐, 늘 똑같은 줄거리의 연극이 공연되는 극장과 같다.

- 볼테르는 '아무리 나쁜 일이라도 좋은 결과를 가져올 수 있다'고 말했는데 이는 주식에 딱 들어맞는 말이다.

- 나는 주머니에 한 푼 없어도 존경심을 일으키는 백만장자에게서만 깊은 인상을 받는다.

- 주식 시장에서는 오늘 일어나는 일은 중요하지 않고, 내일 그리고 모레 어떤 일이 일어날지가 중요하다. 오늘 일어나는 일은 시세에 이미 반영되어 있기 때문이다.

■ 돈 버는 능력이 뛰어난 사람들 가운데 돈을 제대로 쓸 줄 아는 능력까지 갖추고 있는 경우는 드물다.

■ 우리는 주식 투자를 하면서 나쁜 사건이 일어날까 봐 전전긍긍한다. 그런데 일단 그 사건이 일어나면 몇 시간도 채 안 되어 금방 마음이 가벼워진다. 그것이 바로 그 유명한 '페따 꼼쁠리' 현상이다.

■ 주식 투자를 하다 보면, 우리의 감정은 무엇을 해야 할지 가르쳐 주고, 이성은 무엇을 피해야 할지 가르쳐 준다.

■ 나는 증시에 기생하는 사람들, 매일같이 매수와 매도를 되풀이하는 트레이더를 경멸하지만, 그들이 없다면 증시가 존재할 수 없고, 또 증시가 없으면 자본주의 체제가 존재할 수 없다는 사실을 인정하지 않을 수 없다. 프랑스의 사회당 정부가 증시를 낙관적인 분위기로 유지하기 위해 갖은 노력을 기울였다는 것은 이를 가장 잘 입증해주는 예이다.

■ 증시에서 잘 쓸리는 빗자루는 새 것이 아니라 헌 것이다.

■ 주식 투자자 가운데 90퍼센트는 심사숙고는커녕 아무 생각도 없다. 경마나 복권에 운을 걸어보는 사람도 나름대로 생각과 의욕이 있는데 말이다. 주식 투자자는 대부분 맹목적으로 부화뇌동할 따름이다.

■ 주식 투자에서는 불확실한 조언이 확실하고 분명한 조언보다 더 나을 때가 있다.

- 큰 증시에 투자했든 작은 증시에 투자했든 투자자의 반응은 다 똑같다. 소액 투자자나 대규모 투자 매니저나, 인간적 반응은 별 차이가 없기 때문이다.

- 매수할 때는 낭만적이어야 하고, 매도할 때는 현실적이어야 한다. 그리고 그 사이에는 틈틈이 잠을 자야 한다.

- 옵션? 계약을 맺고 나면 시간이 얼마나 빨리 지나가는지 알게 될 것이다.

- 급등 전과 폭락 후에는 정적이 흐른다. 그 사이에는 이성을 잃은 히스테리와 소란이 있을 뿐이다.

- 프랑스의 부유한 가정에서는 가장 어리석은 아들을 주식 시장으로 보냈다. 분명 그 나름대로 이유가 있었을 것이다.

- 공매도는 머리가 좋아야 이해가 된다. 머리가 나쁜 사람은 가지고 있지도 않은 것을 어떻게 팔 수 있는지 도대체 이해가 안 갈 것이다.

- 주식 시장에서는 더 잘 보기 위해 두 눈을 감아야 할 때가 자주 있다.

- 프랑스의 위대한 작곡가 자크 이베르는 “예술작품이란 10퍼센트의 영감과 90퍼센트의 땀으로 이루어지는 것”이라고 말한 바 있다. 주식의 경우, 땀이란 경험을 말한다.

- 경제 전문가들이란 두 눈을 가리고 싸우는 검투사들과 같다.

- 돈이라는 존재는 아무리 멍청한 사람의 주머니 안에 들어있다 해도 가치를 발휘하고 인정받기를 원한다.

- 옵션을 자주 하다 보면 조금씩 피를 흘리고 마침내는 쓰러지게 된다.

- 주식에서는 모든 것을 알 필요는 없고, 이해하기만 하면 된다. 또 모든 것을 다 이해했다고 해도 반드시 동참할 필요는 없다.

- 아무리 열성적인 투자자라 해도 때로는 휴식을 취하며 얼마간 관망하는 것이 좋다.

- 나는 주식거래 시간에 객장에 가는 것이 좋을지 낚시하러 가는 것이 좋을지 생각한다. 객장에서는 정보를 얻은 후 정보와 반대되는 행동을 할 수 있고, 낚시하러 가면 무엇을 할지 혹은 말아야 할지 신중하게 생각해볼 수 있다.

- 고객의 돈으로 투자를 했다가 낭패를 보는 머니 매니저는 사기꾼이 된다. 하지만 그렇게 해서 행운을 잡는 머니 매니저는 천재가 된다.

- 주식 투자자는 젊은 시절에 지출한 것을 노년에 벌어들인다고 할 수 있다.

- 투자자에게 가장 위험한 것은 반만 옳은 정보이다. 반만 옳은 정보는 백퍼센트 틀린 정보보다 더 위험하다.

- 현명한 여자라면 공매도를 하는 투자자를 한 명쯤 비상으로 준비해 둔다. 그러면 그녀는 평생 안락한 생활을 보장 받게 된다.

- 신처럼 무(無)에서 뭔가를 창조할 수 있다고 믿는 인간들을 벌주기 위해 악마가 고안해 낸 것이 바로 주식 시장이다.

- 워싱턴에서 밤낮으로 돌아가는 유일한 공장은 돈 공장, 즉 미국 조폐국이다.

- 증시는 내년에 일어날 사건뿐만 아니라 그 다음 해에 일어나리라고 대중이 예상하는 것까지 미리 고려한다.

- 주가가 하락하는 시기에도 증시는 안정되어 있다고 말할 수 있다. 반대로 주가가 상승하더라도 증시의 기술적 상황이 약하다는 것을 인정해야 하는 경우도 있다.

- 경영학자나 경제학자 등 전문가는 주식을 멀리 해야 한다. 과학적인 방법으로 접근하려는 사람에게 주식은 위험한 함정과도 같기 때문이다. 그들을 위해 내가 해줄 수 있는 것은 단테의 말을 인용하는 것뿐이다. "이곳에 들어서는 자들이여, 모든 희망을 버려라!"

- 전철과 주식은 뒤쫓아 가려고 애쓸 대상이 못 된다. 조금만 인내심을 갖고 기다려라. 그러면 곧 다음 기회가 분명히 온다.

- 오래 전부터 백만장자였던 사람의 눈에는 자수성가한 사람이 모두 졸부로 보인다. 그들은 시간이 지남에 따라 새로운 재산이 생길 수 있다는 것을 이해하지 못하고, 신흥 부자의 성공 뒤에는 뭔가 미심쩍고 더러운 일이 숨겨져 있다고 추측한다.

- 주식을 할 때 힘든 일 두 가지는 손실을 감수하는 것과 얼마 안 되는 이익으로 만족하는 것이다. 그러나 무엇보다도 가장 힘든 일은 독자적인 생각을 갖는 것과 다수의 사람이 하는 행동과 반대로 하는 것이다.

- 큰 사업은 다른 사람의 돈으로 이루어진다.

- 평상시에 철저한 낙천가이던 사람이 비관론자가 되는 날은 증시가 전환점을 이룰 확률이 대단히 높다. 물론 그와 반대로, 확고한 비관론자이던 사람이 낙천가로 바뀌는 경우에는 되도록 빨리 주식에서 발을 빼야 한다.

- 주식에서 전문가의 조언으로 돈을 벌었다면, 성공한 것이다. 조언 없이 혼자 생각으로 돈을 벌었다면, 대단한 성공을 거둔 것이다. 전문가의 조언과는 정반대로 행동하여 돈을 벌었다면, 엄청난 성공을 거둔 것이다.

- 투자자의 신경이 가장 날카로워지는 경우는 가진 주식이 하나도 없는데 주가가 오르기 시작할 때이다.

옮긴이 최병연

서울대학교 사범대학을 졸업하고 독일 본 대학교에서 번역학으로 석사 학위를 받았다. 통역사, 외국인을 위한 한국어 강사로 일했고 독일계 도서유통회사 베텔스만을 거쳐 현재 출판 기획자, 번역자로 일하고 있다.

코스톨라니 투자총서 3

실전 투자강의

초판 1쇄 발행 2002년 5월 22일
개정판 4쇄 발행 2023년 9월 15일

지은이 앙드레 코스톨라니
옮긴이 최병연
펴낸이 성의현
펴낸곳 (주)미래의창

출판 신고 2019년 10월 28일 제2019-000291호
주소 서울시 마포구 잔다리로 62-1 미래의창빌딩(서교동 376-15, 5층)
전화 070-8693-1719 **팩스** 0507-0301-1585
홈페이지 www.miraebook.co.kr
ISBN 979-11-92519-90-6 03320

※ 책값은 뒤표지에 있습니다.